菊と刀

〔美〕本尼迪克特 / 著

秦　墨 / 译

开明出版社

图书在版编目（CIP）数据

菊与刀 /（美）本尼迪克特著；秦墨译 . —北京：开明出版社，2018.5

ISBN 978-7-5131-4194-9

Ⅰ . ①菊… Ⅱ . ①鲁… ②秦… Ⅲ . ①民族文化—研究—日本 Ⅳ . ① K313.03

中国版本图书馆 CIP 数据核字（2018）第 048530 号

责任编辑：卓玥

菊与刀

作　者：（美）本尼迪克特著　　秦墨译

出　版：开明出版社

　　　　（北京海淀区西三环北路 25 号　　邮编 100089）

印　刷：三河市明华印务有限公司

开　本：880×1230　1/32

印　张：9

字　数：170 千字

版　次：2018 年 5 月第 1 版

印　次：2018 年 9 月第 2 次印刷

定　价：48.00 元

印刷、装订质量问题，出版社负责调换。联系电话：（010）88817647

前　言

　　鲁思·本尼迪克特（Ruth Benedict），美国人类学家，是20世纪初为数不多的女性学者之一，受到法兰兹·鲍亚士（Franz Boas）的影响，同爱德华·萨丕尔（Edward Sapir）最早提出文化形貌论（Cultural Configuration），认为文化如同个人，具有不同的类型与特征。

　　1887年6月6日，鲁思·本尼迪克特出生于纽约市，本名鲁思·富尔顿。父亲佛雷迪·富尔顿是名外科医生，母亲碧翠丝·夏塔克则受过高等教育。鲁思一岁时，父亲染上怪病，全家被迫迁往雪南哥山谷的农庄与祖父母居住。第二年，妹妹玛洁莉·富尔顿诞生，几星期后父亲病逝，全家顿时陷入贫困之中。

　　母亲为了养家，在鲁思五岁时便到附近的诺维镇上做了一名教师，并兼任图书馆员的工作。1894年，为了配合工作需要，母亲带着她和妹妹迁居到蒙大拿州、明尼苏达州和水牛城等地，暑假时又回到娘家与一位寡居的阿姨同住。高中时，鲁思开始从事写作。由于患有轻微的重听，小时候的鲁思反应有些迟钝，常被亲戚和其他人误认为有些痴呆，因而受到一些不公平的对待，但也养成了她文静甚至孤僻的个性。

1905年，鲁思与妹妹一同就读于瓦萨学院，主修英国文学。1909年自学院毕业后，鲁思同母亲居住在水牛城，并在慈善组织会社工作一年，然后又前往洛杉矶的西湖女子学校任教一年，隔年又前往加州的帕萨迪纳教书。1913年，鲁思与康奈尔威尔医学院的生物化学家史坦利·本尼迪克特坠入情网，两人于1914年结婚。

1919年，在前往社会研究新学院旁听了人类学家艾尔丝·帕森思和亚历山大·戈登怀瑟的课程之后，鲁思·本尼迪克特对人类学产生了兴趣，因此1921年鲁思·本尼迪克特决定进入哥伦比亚大学人类学系，在法兰兹·鲍亚士指导下学习三个学期。由于当时已年满35岁，依校方规定无法领取奖学金，因此必须兼任编辑和教师职务才能维持生活，鲁思·本尼迪克特在大学附近租了一栋小房子住。1922年拿到博士学位后，她接任法兰兹·鲍亚士的助教，同时继续旁听鲍亚士的课程。

1923年，鲁思·本尼迪克特担任哥伦比亚大学人类学系讲师，并讲授了几门美术课程。1924年夏天，她首次到祖尼人部落进行田野调查，1925年夏天她到柯契地族和皮马族进行调查，1931年又带领学生到麦斯卡罗族进行研究。在这些短期田野调查之中，鲁思一方面纪录整理了大量即将消失的传说和仪式，另一方面又逐渐构思出文化形貌论（Cultural Configuration）的想法。

1931年，鲁思·本尼迪克特正式与丈夫史坦利·本尼迪克特分居，同年接任哥伦比亚大学人类学系助理教授的职位。

1932年，鲁思·本尼迪克特的著作：《文化模式》（*Patterns of Culture*）出版。在著作中，鲁思描述了三个种族（普布罗族、多布族和夸奇乌托族国）不同的文化，并引用尼采的论述，以日神型、酒神型与夸大妄想型这三种人格特质分析三个民族的性格，并认为文化本身其实如同个人，可以分成许多不同的人格类型，每种类型使文化产生不同的差异，也塑造出民族集体的性格。由此引申，她暗示出了强烈的文化相对论观点：每种文化各有自身的特性，因此不存在谁好谁坏，谁优谁劣的绝对判别。另外，鲁思引用了大量心理学，特别是精神分析的术语与观点描述文化，并首先把个人的文化适应与成长置入研究文化的项目之中。这在当时的人类学界引起相当大的讨论，也对鲁思·本尼迪克特之后的研究产生重要的影响。

1939年暑假，鲁思·本尼迪克特带领学生到黑足族进行田野调查后，回到加州的姨妈家休假一年，同时专心撰写《种族：科学与政治》，希望透过该书表达反对纳粹种族中心论的立场。隔年秋天，她受布林茅尔学院邀请发表了以"和谐"（Synergy）为题的演讲，借此表达自己的想法：和谐为促进人类进步之社会，与此相反者则为恶，应为人们所唾弃。

1941年，随着战事日渐升温，鲁思·本尼迪克特被邀请担任国家研究会饮食习惯委员会委员，开始研究文化与饮食之间的关系。在这段时间内，她逐渐展开对国民性格的研究，并提出一些报告与摘要。1943年，鲁思开始接触各参战国的文化资料，并出版了一系列介绍罗马尼亚、泰国等国的著作，以及名为《人类的种族》的小册子。

由于遭到排挤，鲁思放弃欧洲文化的研究，转而投入研究日本文化的团队，由于她巧妙回避掉当时研究者对心理学研究方式的论战，使其成果远远比他人丰硕。1945年，她请假回到加州专心写作《菊与刀》（*The Chrysanthemum and the Sword*），并于隔年完书付梓。

《菊与刀》是鲁思·本尼迪克特以文化遥距研究法做出来的成果：她从当时日本发布的宣传电影、集中营中的日裔美国人和战俘的访谈记录以及日本人的文学作品中收集资料，重新建构出日本文化以及对日本战后重建的期许。书中，她不但以文化形貌论谈论了日本文化的特质，还从孩子教养的角度剖析日本人的生命史，其细腻的描述摆脱了学术上的论战，开启了西方对日本文化的研究热潮，使得战前对日本一无所知的情形彻底扭转过来。《菊与刀》影响了第二次世界大战后美国对日本的接管政策，其中如保留日本天皇等建议都为当局所接受。

1946年6月，鲁思·本尼迪克特荣获美国大学妇女联会颁发的杰出女性奖，同年秋天回到哥伦比亚大学任教，并被选为美国人类学学会主席，同时申请到"哥伦比亚大学当代文化研究"的研究计划。1947年7月1日，鲁思·本尼迪克特正式被哥伦比亚大学聘为教授。

由于计划庞大复杂，任职的系所又不支持，鲁思被迫整天忙于公务。1948年5月，在出席完联合国文教组织在捷克波德布拉迪举行的研讨会的第二天便罹患冠状血栓症。五天之后病逝于医院，享年61岁。1995年10月20日，美国邮政服务公司为了纪念她的贡献，发行了一套印有她头像图案的邮票。

目 录

第一章

任务——研究日本

在美国人眼里曾经全力以赴与之战斗过的敌人中，日本人的脾气是最为古怪的。在其他任何战争中，美国都没有必要去考虑其主要对手的一些截然不同的行为和思维习惯。如同1905年那场与俄国人之间的战争，我们同样与一个不属于西方文化体系但是全副武装、训练有素的国家战斗。很显然，日本人并不具备西方国家所公认的那些基于人性的战争惯例。我们必须认识到太平洋战争不仅是一系列海岛登陆战，不仅是一场艰难的后勤服务战，为了对付日本，我们必须了解他们的行为行事方式。

困难超乎想象。自从日本放弃闭关锁国，开放门户七十五年来，一系列令人困惑的"但是"之类的词语被用于描述日本人，这是对世界上其他任何一个国家都未曾有过的。一位严谨的评论家论及日本人之外的其他族裔，他不会说他们空前的礼貌，又加上一句："但是他们蛮横、骄傲自大。"当他说到他们在行为上无比刻板时，他不会补充："但是他们很容易接受激烈的革新。"当他认为他们温驯时，他不会过多解释他们并不容易接受上级的控制。他不会既说他们高贵宽厚，又声明他们粗鲁、睚眦必报；也不会既说他们勇敢异常，又细述他们的怯懦、不坚定；也不会既说他们不介意别人的意见、自行其是，又说他们极具是非心；也不会既说他们的军队中有着机器人般铁的纪律，又描述军队中的士兵是如何不服从管教；也不会既说他们热心于西方学识，又强调他们的极端保守。他不会既写一本书讲述该民族是如何爱美，如何给予演员、艺术家以及培育菊花的艺术以崇高评价，又写一本书来说明这个民族是如何醉心于刀剑文化和武士的至高荣誉。

然而所有这些矛盾都千真万确，而且是有关日本论著的基础，菊与刀都是这幅图画的组成部分。日本人既好斗又非常温和；尚武又非常爱美；粗暴又非常有礼貌；刻板又非常懂得变通；温顺又非常叛逆；高贵又非常粗俗；勇敢又非常怯懦；保守又热心于新鲜事物。他们非常在意别人对他们行为的看法，而当别人对他们的过失一无所知时，他们心里会充满了罪恶感。他们的士兵受到了彻底的训练，却又具有反抗性。

既然美国意识到了解日本人的重要性，那么上述尖锐的矛盾及其他许多令人头疼的问题都不能置之不理。严重的事态接踵而至，日本人将采取什么行动，我们不进攻日本，日本有无可能投降，我们应该轰炸皇宫吗？我们该如何处置日本战犯，在我们的宣传资料中，我们该如何劝说日本军队、日本国民以挽救美国人的性命，又该如何教化那些一意顽抗到底的日本人，当和平到来之时，日本还需要永远的军事管制来维持秩序吗？我们的军队有必要为了打击那些隐匿在日本深山老林中的疯狂抵抗分子而备战吗？世界和平降临之前，有必要效仿法国革命、俄国革命在日本也掀起一场大革命吗？由谁来领导呢？

彻底消灭日本也是选择之一吗？我们对这些问题的判断肯定是众说纷纭的。

1944年6月，我被委任做日本研究，运用文化人类学的所有技术去解读日本人的真实面目。初夏，我国对日本的大规模进攻刚刚拉开序幕，美国人大多认为对日战争将持续三年或者十年，甚至更长。日本方面则认为这场战争将持续一百年，在他们看来，新几内亚和所罗门群岛离本土甚远，故而美国只能取得局部胜利。他们的官方公报从未承认海军的失败，日本民众仍然认为他们是胜利者。

然而，进入6月以后，战局开始转变。欧洲开辟了第二战场，最高司令部两年半来给予欧洲战场的军事优先权已无必要，对德战争的胜利指日可待。在太平洋战场，我们的军队在塞班岛登陆，这次大规模的军事行动已经宣告了日本的彻底失败。从那时起，我们的士兵便日益与日军短兵相接。通过新几内亚、瓜达尔卡纳尔、缅甸、阿图、塔拉瓦、比亚克的战役，我们清楚认识到了与我们对抗的是一个多么可怕的敌人。

因此1944年6月，弄清楚关于我们的敌人——日本的一系列问题是非常重要的。这些疑问无论是军事上的，还是外交上的，也无论那是出自最高决策的要求，还是出自在日本前线散布宣传册的需要，都必须提出真知灼见。在这样一场对日本的全力以赴的战争中，我们要了解的不仅是东京当权者在军事上的意图和目标，不仅是日本的悠久历史，也不仅是军事、经济上的数据统计，我们必须清楚日本政府从他们的人民那里指望什么。我们必须努力理解日本人思想和情感上的习惯，以及这些习惯所形成的模式，还必须了解这些行为和观念背后的约束力。我们必须把我们作为美国人的前提放到一边，避免轻易得出结论，认为在那种情况下，我们会怎样做，日本人又会怎样做。

我的工作是非常困难的。美国、日本在交战中，虽说战时把一切问题归咎于敌对国非常容易，但要想知道敌人自己心目中对人生的看法就难得多了。然而这件事还是必须得做。问题是日本人是如何行动的，而不是我们处在他们的位置上会怎么做。我必须设法用日本人战争中的行为，作为了解他们的"正值"即有用的资料来加以利用，而不是作为不利条件看待。我必须观察他们引导战争的方式，不是把它作为一个军事问题，而是一个文化问题。与和平中一样，日本人战时的行为也自有其日本特色。他们对待战争表现了哪些生活方式和思维方式的特征？他们的领导人鞭策战争精神、消除国民惶惑，以及在战场上调兵遣将的方式——所有这些都显示了他们自以为可资利用的力量是什么？我必须认真研究战争中的细节，来观察日本人如何一步一步地暴露自己。

我们两国交战这个事实不可避免地意味着极大的弊端。这意味着我必须放弃文化人类学最重要的研究方法：实地考查。我不能去日本，住在当地观察日常生活的各种习气，用自己的双眼观察什么重要，什么不重要。我也无法看到他们在做出一个决定时的复杂心态，无法看到他们的孩子是如何成长的。另一个人类学家约翰·恩布里，关于日本乡村的学术研究专著——《须惠村》是非常有价值的，但是1944年我们面对的关于日本的许多问题在该书写作中都没有提及。

尽管存在着这些重大困难，作为一个文化人类学家，我仍然对目前可用的方法、技能很有信心。至少我不必放弃人类学家在与他所研究的对象进行面对面交流时拥有的那份信任感。在美国有大量的日本人，他们在日本长大，故而我可以向他们了解他们亲身经历的详情，发现他们对自己进行判断的方法，根据他们的描述填补我们知识中的疏漏之处，对人类学家而言，这一点在理解别国文化上是很重要的。其他研究日本的社会学家大都利用图书馆的资料，分析过往的事件、数据，或是参考日本宣传资料上的只言片语。我相信他们所企求的许多结论都暗含在日本文化的规则和价值观中，因此从在日本真正住过的人身上探讨日本文化，结论会更加令人满意。

这并不意味着我没有阅读，也不意味着我不感激那些在日本居住过的西方人。日本博大的文化和大量居住在日本的西方观察者给我提供了极大的帮助，这是去亚马逊河发源地或新几内亚高原研究无文字部落的人类学家未曾享受过的。这些部落没有文字，无法用文笔来表现自我。西方人的评论极少且流于表面，没有人知道他们过去的历史，专业研究者必须在没有任何先前学者的帮助下，完全靠自己去探索他们的经济生活运行方式，他们的社会阶层是如何形成的，他们的宗教生活中最重要的是什么。在研究日本的过程中，我吸收了许多学者的成果。对生活细节的描述写满古卷；来自欧美的人们记载了他们生活中有趣的经验；日本人则记录了那些异常真实的自我。与许多东方人不同，日本人有强烈的描写自我的冲动，他们记录了生活中的点滴，记录了他们的全球扩张计划，他们出乎寻常地坦率，当然他们没有展示出自我的全貌，也没有人能这样做。一个描写日本的日本人通常会忽略掉一些非常重要的事情，因为这些事对他而言很平常，在他看来就像他呼吸的空气那样自然。美国人在描写美国的时候也会这样做。尽管如此，日本人仍然是喜欢暴露自己的。

我阅读这些文献时，如同达尔文说他在创立物种起源理论时的那种读书方法，即特别注意那些无法了解的事情。对议会演说中的一大堆观念的罗列，我需要知道些什么？他们为什么对一些无足轻重的行为大肆攻击，而对骇人听闻的暴行却满不介意，这种态度的背后到底隐藏着什么？我边读边想，"这幅图画的问题"在哪儿？为了理解，我必须知道些什么？

我也去看那些在日本拍摄的电影——宣传片，历史片，有关东京日常生活和农场生活的片子，然后再和那些曾经在日本看过类似电影的日本人一起仔细讨论，他们无论如何都能以日本人的立场，而不是以我的眼光看待片中的男女主角和反派人物。当我对电影某些细节茫然不知时，他们却显然不是如此。情节、情节发展的动力和我所想并不一致，但他们却能按照电影构思的观点去理解。至于小说呢，我领会的和日本读者领会的意义之间则有更多的不同。这些日本人中有一部分很快就表现出日本习俗的防御性，另一部分则憎恨日本的一切，很难说从哪一个群体我理解的更多。但他们所描绘的日本生活规范的景象则是一致的，不论他们是欣然接受，还是痛加排斥。

如果人类学家只是直接从他所研究的文化对象搜集资料并寻求解释，他所做的与那些在日本生活过的最有能力的西方评论者所做的全部研究毫无区别。如果一个人类学家所能贡献的仅止于此，那么就不能指望他在以往外国旅居者有关日本的研究成果的基础上，得出更有价值的结论。然而文化人类学家由于接受过训练，具备某种特殊能力，因此能够在这一拥有大量学者和观察家的领域做出他特有的贡献。

人类学家了解关于亚洲和大洋洲的文化。日本有许多社会习俗和生活习惯，甚至和太平洋岛屿上的原始部落有着紧密联系。这些联系，有些体现在马来西亚，有些在新几内亚，也有些是在波尼西亚。思考这些联系是否体现了古代的移民或者相互接触当然是很有趣的，但这对我来说，了解文化相似性之所以有价值却并不在于这类可能发生的历史关联，而在于能够凭借这些类似或差异，获得理解日本生活方式的启示，因为，我懂得这些风俗习惯在简单的文化中是如何起作用的。我对亚洲大陆的一些国家，如暹罗、缅甸及中国有一定程度的了解，因而可以把日本与其他民族进行比较，这些民族都是亚洲伟大文化遗产的一部分。人类学家已经不止一次在他们对原住民的研究专著中指出这些文化对比是多么的有价值。一个部落可能和它的邻近部落在正式习俗上有90%的相似，然而它也会按照自己的需要逐渐修改从而形成与邻近部落截然不同的价值标准。在这个过程中，她不得不排斥一些基本习俗，尽管其对整体而言比率很小，却可以把整个未来的发展规范在一个特定的方向上。对人类学家而言，没有什么比研究这种在整体上相似的各民族之间的差异更有益的了。

人类学家也必须使自己最大限度地适应自我文化和他者文化之间的差异，而且他的研究技术必须为解决这一特殊难题而加以磨练。他们凭借经验知道，不同文化背景下的人所面对的情况必有差异，不同的部落、国家对这些情况的判断方式也必有不同，在某些北极的乡村或者热带沙漠地区，他们会遇到以血缘责任或财务交换为基础的部落习俗，远非任何丰富的想象力所能想象的。人类学家必须进行调查，不仅要调查亲属关系和财务交换的具体细节，而且要调查部落行为的后果以及每一代人如何从孩提时代起就开始自我约束、世代相传，如同其祖先所做的那样。

人类学家对这种差异、约束及其后果的关注，在研究日本时也可以加以利用。人人都明白美国和日本之间根深蒂固的差异，我们甚至有过这样的关于日本人的传言："我们无论做什么，日本人一定反其道行之。"一个研究者如果相信这种说法，简单地认为这些差异是如此怪异，那么就不可能理解日本人，这种想法当然是危险的。人类学家自身的经验就能很好地证明，即使最古怪的行为也不能妨碍研究者对它的理解。人类学家比其他社会学家更能有效地利用这些差异作为有用的资料，引起他们注意的也恰恰是那些表现离奇的制度和民族之间的差异。他们不会想当然地看待部落的生活方式，他们关注的不只是少数选出的事实，而是一切细节。在研究西方民族之时，一个未接受过比较文化知识培训的人往往会忽视从整体上去把握行为。他们只是想当然地认为他们不需要去挖掘日常生活中的细微习惯，不用在意那些人们对熟悉事物的公认说法。事实上，正是这些习惯以及公认说法大面积地投射在民族背景之上，其对民族未来的影响力远甚于外交官们签署的种种条约。

人类学家必须训练研究日常琐事的技能，因为他所研究的这些日常琐事与他本国的情况截然不同。当他试图理解某一部落中被视为最恶毒的或另一部落中被视为最胆怯的行为时，当他试图了解在特定情况下他们是如何行动、如何感受时，他发现他不得不投入很大的精力在细节上，这些，在对文明民族进行研究时，通常是不为人注意的。人类学家有充分理由相信这些细节是非常重要的，并且也知道如何依据这些细节进行深入挖掘。

在对日本进行研究时，这种尝试是值得的。因为只有当一个人注意到这些人类生活琐事，才能充分理解人类学家这一论证前提的重大意义：在任何部落或任何最文明的民族中，人类的行为都要从日常生活中去了解。无论一个人的行为或观点是多么怪异，他的感受和思考方式总是会和他的经历有关联。我越是对日本人行为的点点滴滴困惑不已，我就越能判断日本人生活中必定存在着某些造成这种奇怪行为的极为平常的条件。如果这种发现能引领我关注日常交际中的细节，其结果会更好。人正是在日常细节中学习的。

作为一个文化人类学家，我还确信这样一个前提：即使在最孤立的细小行为之间，也必定存在着系统的联系。我非常重视从数以百计的细节中总结出构成总体模式的方式。人类社会必须为它自身设计出某种生活模式，这种模式对某些情况的处理方式及评价方式表示赞同。社会中的人把这些解决方法作为整个世界的基本结论，无论有多少困难，他们都把它们综合到一起。人类一旦接受了某种价值体系，就不会在行为、思考中奉行相反的一套价值体系，这样只会导致混乱和不便。他们将力求更大程度上的和谐一致，他们给自己提供了共同的理由和动机。一定程度的和谐是必要的，否则整个系统都会陷入溃散。

经济行为、家庭活动、宗教意识、政治目的也因此相互交织在一起。一个领域的变化可能比其他领域发生得快，而且也会造成其他领域的压力，但这种压力的产生源自和谐的需要。在追逐权力统治的无文字社会，对权力的意志不仅表现在经济交往及与其他部落的关系之中，也同样表现在宗教活动之中。在那些拥有古老文字的文明民族，教会必然保留了过去上百年的文字；没有书面文字的部落不能如此，但是随着经济、政治权力的公开认可日益增强，在那些与此相抵触的领域，教会就放弃了自己的权力。文字保留下来了，但是意义却发生了变化。宗教仪式、经济活动没有停留在各自隔离的小区域内，它们总是越过各自的界限互相融合。因为这种情况是千真万确的，故而研究者越是把他的调查视线扩散到经济、性、宗教及孩子培养等诸多事实之上，他就越能明了他所研究的社会正在发生的种种情况。他可以大胆做出假设，在生活的各个领域去搜集确实的证据。他可以学会把任何一个民族的需求视作他们从社会经验中学到的习惯和思维方式的表现，无论这些需求是用政治经济术语，还是道德表达。因此，这本书并非专注于日本人的宗教、经济生活或者政治、家庭，而是要验证日本人对生活规划的设想。它只描述这些观点的自我表述而不论当时的政治，它是一本探讨日本人何以成为日本民族的书。

20世纪的一大障碍是我们对很多事情仍然持模糊不清、偏执的观点，不仅对日本何以成为日本民族是如此，而且对美国何以成为美国民族、法国何以成为法国民族、俄罗斯何以成为俄国民族也是如此。缺乏这些知识，国家之间就会互相误解。有时，问题只是毫厘之差，我们担心的却是无法调和的巨大分歧；而当一个民族基于自身的经验和价值体系在思想上形成了与我们的设想不同的方案时，我们却奢谈共同的目标。我们没有给自己一个机会去了解对方的习惯和价值观。如果我们能这样做，或许我们能发现某一行动方案并不是邪恶的，它只是与我们设想的有出入而已。

各民族关于自己思想和行动的说法是不能完全指靠的。每个民族的作家都试图对本民族做出一个总括，但这并不容易。各民族用于观察自我的镜片和其他民族所用都不尽相同。人们在观察事物时，也很难意识到自己是以何种眼光来观察事物的。任何民族都把这视为当然，任何民族所接受的焦距、视点，对该民族来说，仿佛是上天安排。我们不能指望戴着眼镜的人会弄清镜片的度数，我们也不能指望各民族会分析他们自己对世界的看法。当我们想知道镜片的度数时，我们就训练一位眼科大夫，希望他能告诉我们镜片的度数。终有一天毫无疑问我们会承认社会学家能告诉我们目前世界上各民族的具体情况，这也就是他们的工作。

这项工作既需要坚硬的心肠，又需要宽容的态度，它需要那种遭到善意人士指责的坚硬心肠。这些善良人士——世界大同的鼓吹者，奢望使全球每个角落的人都相信："所有差异，东西方之间的、黑人与白人的、基督教和伊斯兰教的，都只是表面的，所有的人类事实上都是相似的。这种观点有时也被称作"四海之内皆兄弟"。我不能理解的是为什么一个人一旦相信了这种"四海之内皆兄弟"的观点，就意味着再也不能说日本人有他们自己的生活方式，而美国人又是另一种方式。似乎这些软心肠的人们认为，除非世界各地的人都是由同一张底片冲洗出来的，否则上述"兄弟"之说的基理就无法成立。但是要求以这种一致性作为各民族互相尊重的前提，就如同一个人要求他的妻儿同他完全一模一样那样荒谬。硬心肠的人则不然，他们承认差异并尊重差异。他们的目标是建立一个能包容一切差异的安宁世界。美国在不扰乱世界和平的情况下做地道的美国人，法国人、日本人亦如是。试图以外来干扰抑制这种人类态度存在的做法是很无稽的，研究者根本无须说服自己差异就是人类头上所悬的达摩克力斯之剑。他也无须惧怕这种立场会使世界变得僵死不化。提倡文化差异并不意味着造就一个静止的世界。英国在伊丽莎白时代之后有安妮女王时代及维多利亚时代，并未因此丧失其英国性。这正是因为英国人一直就是英国人的，不同的各代人适合不同的标准、不同的民族特质。

除了硬心肠，对民族差异的系统研究还需要包容的态度。只有当人们自己的信条得到足够的保障，他才会满怀包容，宗教的比较研究才能繁荣。他们可能是基督教徒，阿拉伯清教徒，或者根本不信教，但他们绝不是偏执狂。同样，只有当人们不再固守自己的生活方式，不再把它当作世界的唯一生存之道，比较文化研究才能繁荣。固守成规的人永远不会懂得，了解其他类型的生活方式，将会使他们更加热爱自己的文化传统。他们使自己置身于愉悦的体验之外，固步自封，一味要求别的民族适应自己的生活方式。作为美国人，他们使自己的喜好意志凌驾于别的民族之上。但是别的民族并没有办法使他们的生活方式符合我们的要求，这好比我们无法学会用十二进位制来代替十进位制进行计算，无法学会像东非某些土著那样以金鸡独立的姿势休息一样。

因此，这本书就是阐述在日本被接受并被视为理所当然的习惯。它将叙述日本人在哪些情况下能指望得到恭维，在哪些情况下则不能；他们什么时候会感到羞愧；什么时候他们会感到尴尬，以及他们对自己有哪些要求。本书所论述的事项，要说最理想的根据，也许就是平凡的街谈巷议者，什么人都有。这并不意味着这些人得亲自置身于每一特殊场合，而是说这些人都会承认在那种情况下就会如何如何。这种研究的目的是描写出根深蒂固的思维和行为方式。即使这一目标并未达成、半途而废，这也仍是作者的理想。

在这种研究中，研究者很快就能发现，工作进展到一定程度，再增加多少调查资料，也不会提供更多的真实性。例如，谁向谁鞠躬，在什么时间，这样的事根本不需要对全体日本人进行统计研究。这种公认的习惯性行为，任何一个日本人都可以向你证明，若再得到几个确证后，就不必再去向百万日本人求证同一个信息了。

研究者若想弄清楚日本人生活方式赖以建立的那些观点，他的工作远比统计证实要艰巨得多。对于研究者最大的要求在于，研究出这些公认的行为和判断是如何形成日本人观察现存事物的角度的。他们必须阐述日本人的观点如何影响他们观察人生的焦距和观点，他还必须努力使那些用不同焦距来观察人生的美国人也能听明白。在这种分析工作中，最有权威的法庭并不一定是"田中先生"——即普通日本人。因为"田中先生"并不能说清他的观点，而且在他看来，为美国人写的那些解释，似乎无此必要。

美国人对社会的研究，很少注意研究文明民族文化所赖以建立的各种前提。大多数研究都认为那些前提是自明的。社会学家和心理学家执着关注各种观点和行为的分布，最基本的研究方法则是统计法。他们热衷用统计法分析大量的数据材料、问卷调查或是采访者的回答、心理学的测定，试图从中剖析出某些因素的独立性或相互依存关系。在公共舆论领域，利用科学的抽样方法进行全国性的有效测验，这种技术已经在美国达到了高度的完善。通过这种技术，完全有可能测出有多少人支持还是反对某一公职候选人或是某一项政策。支持者或反对者又可按乡村或城市、低薪收入或高薪阶层、共和党或民主党加以进一步的区分。在一个实行普选并且由国民代表起草颁布法律的国家里，这种调查结果具有实践的重要性。

美国人可以用投票方式来了解美国人的意见，并能理解投票结果，但他们能这样做是因为有一个十分明显却无人提及的前提，即他们都熟悉美国的生活方式而且认为这是天经地义的。投票的结果只不过是对我们已知的事情做了进一步的说明。为了尽力了解另一个国家，首先对民众的生活习惯和观点进行系统的有质量的调查是非常重要的，其次才是投票方式。通过精心的抽样调查，投票的结果能显示出有多少人支持政府，又有多少人反对政府。但是如果我们不知道他们对于国家的具体看法，投票结果又能告诉我们什么呢？只有在了解了他们的国家观之后，我们才能弄清各个派别在街头或国会中到底在争论什么。民众对于政府的看法较那些表示政党势力的统计数字更具普遍、持久的重要性。在美国，无论是共和党还是民主党，都认为政府是摆脱不掉的祸害，它限制个人自由，政府官员并不比在民间事业中任职者社会地位更高，仅在战时另当别论。这种国家观同日本人的国家观大相径庭，甚至同许多欧洲国家也相去甚远。我们首先要了解的正是他们的国家观，他们的观点体现在社会习俗、对成功者的评论、有关民族历史的神话传说及节日辞令中。研究者可以通过这些间接表现来进行研究，当然这需要一种系统性。

我们为查明选举中赞成票和反对票在居民中所占具体比例，往往会全神贯注，尽量做到详尽细致。如果我们倾注同样的注意力与细致心，那么任何民族对生活怀有的基本观点，他们的处世方法都是可以研究出来的。日本正是这样一个国家，值得我们仔细发掘国家内在的基本观点。我确实发现，一旦弄清了日本人的人生观与西方人的观念不相符合，掌握了日本人使用的范畴和符号，那么过去在西方人看来其行为中许多的矛盾之处就不再是矛盾了。我开始懂得日本人是如何把剧烈变化的行为当作是完整体系中的组成部分的，我也懂得了他们这样做的原因。我和日本人一起工作时，他们最初用的那些奇特词句和概念，一变而为具有重大含义，并充满长年积蓄的感情。同西方人所了解的道德观、罪恶感有着巨大差异，日本人的体系是独特的，既不是佛教的，也不是儒教的，而是日本式的——包括了日本的长处和缺点。

第二章

战争中的日本人

每种传统文化中都有其关于战争的信条，西方各国尽管存在差异，仍然存有某些共性。正因为他们同属一种大的文化传统，而这种传统也包括战争，所以有些情况是可以预测的，如号召人民投入战争的动员方式，局部战败时安抚民心的形式，阵亡人数和投降人数比例的某种规律，以及对待战俘的某些行为准则等等。

　　日本人和西方人在战争常规上的一切差异，都是了解他们的人生观和对人的全部责任的看法的资料。为了系统研究日本文化和日本人的行为，无须在意日本与我们在军事上背离的行为是否重要；他们的任何一种行为可能都很重要，因为他们提出了许多有关日本人性格的问题有待我们回答。

　　日本人为战争辩护的前提与美国人截然相反，它对国际形势做出了完全不同的解释。美国把战争归根于轴心国的侵略。日本、意大利、德国用他们的征服行为非法破坏世界和平。无论轴心国占领的是满洲、埃塞俄比亚还是波兰，这都证明他们推行的是欺凌弱小的罪恶方针。他们严重违反了"自己生存，也让别人生存"或者至少是践踏了对自由企业"门户开放"的国际准则。日本人则是以另一种眼光来看待这战争，他们认为只要各国拥有绝对主权，世界就会处于无政府状态，日本有必要为建立等级秩序奋起而战。当然，这一秩序的领导者只能是日本，因为只有日本代表了一个真正自上而下的等级制国家，并真正懂得"各得其所"的必要性。日本在本土已经获得了统一与和平，平定了叛乱，修筑了公路，建立了电力、钢铁公司。据官方数字统计，日本的青少年中有99.5%都接受了公共学校的教育。因此，根据日本人的等级秩序观点，应该扶持落后的中国兄弟作为大东亚的同等种族。要达成这一目标，日本首先应该将美国，然后将英国、俄罗斯从世界的这一区域驱逐出去，使之"各得其所"。各国应统一于一个国际等级制度固定的世界中。下一章我们将讨论日本高度推崇的等级制在日本文化中的重要意义。对日本而言，这是它创造出来最合其心思的幻想。不幸的是，日本占领的国家却不能以同样的眼光看待这种幻想。尽管如此，即使战败后，日本人仍然认为不能从道义上否定其"大东亚"理想，甚至于那些好战情绪最弱的战俘也很少有去指责日本在大陆和西南太平洋的行径。今后在一个相当长的时间里，日本必将保持它某些固有的态度，其中最重要的一项，就是对等级制的信仰和信赖。这与我们同样热爱忠诚的美国人是绝对不同的，但是我们有必要了解等级制对日本意味着什么，又有什么好处。

对于胜利的希望，日本所寄托的基础也不同于美国的通行见解。日本叫嚣着必胜，而且是精神对物质的胜利。日本认为：美国是大国，军事设备优越，但是物质又能如何？所有这些都是早就预见的，根本没有必要放在眼里。日本人从他们一家大的报纸——《每日新闻》上，读到了以下一段话："如果我们害怕数字，我们就不会开战。敌人资源丰富，并不是由这场战争创造的。"

即使在战胜期，日本的政治家、大本营，以及军人们都反复强调说："这并不是军事上的较量，而是日本人信赖精神与美国人信赖物质的抗衡。"即使是战败之时，他们还是不断重复这一信条，在这样一场较量中，物质力量必败。毫无疑问，这种信念已经成为了日本在塞班岛和硫磺岛溃败时合适的辩解之词，但这并不是专门为失败而准备的托词。日本人连胜之时，这个信念是进攻的号角，而且早在珍珠港之前就已经是一个深入人心的口号了。在20世纪30年代，前陆军大臣，狂热的军国主义分子荒木大将曾在一本名叫《告日本国民书》小册子中写道：日本人的真正使命就是"弘皇道于四海，力量悬殊不足忧，吾等何惧于物质"。

当然，像其他正在备战的国家一样，他们其实也在担忧。整个20世纪30年代，日本国民收入用于军备投入的比例惊人地增长。在他们偷袭珍珠港之时，日本国民收入的近一半都投入到了陆海军的装备上，有关民用的行政支出只占政府总支出额的17%。日本和西方国家的区别并不在于日本毫不关心物质装备，而是日本视战舰枪支为其内在精神的外在象征，犹如武士的配刀是他的道德品质的象征一样。

美国一贯追逐强大，日本则一贯重视非物质资源。日本也像美国一样开展全力增产运动，只是日本的这种运动是以它自己的前提为基础的。日本认为精神是主要、永恒的，物质虽然必要，但是物质是附属的、瞬间的。日本的广播电台经常叫嚣："物质资源是有限的，没有千年不变的物质，这就是真理。"这种对精神的依赖被原原本本地用于战争的日常行动。在他们的战术手册中有一句话："以吾等之训练抗敌之数量，以吾等之血肉抗敌之钢铁。"这是他们的传统口号，并不是为这次战争而特意制订的。他们的战争手册第一页上就用黑体字写着："必读必胜。"他们的飞行员驾驶小型战斗机以自杀方式撞向我们的战舰，就是精神战胜物质的有力说明。日本把这些人称为"神风特攻队"，"神风"是指公元13世纪成吉思汗东征时，其船队遇飓风而遭毁灭，这次飓风被视为"神风"，它拯救了日本。

即使在民间，日本当局也是照字意那样解释"精神胜于物质"这一信条的。人能忍受12小时连续工作，整夜不停地轰炸吗？他们说："我们的身体越疲惫，意志就越是高昂，精神高于一切。"当日本人在冬天受冻时，大日本体育会就在无线电广播中号召人们做暖身柔软体操，说这种体操不仅能替代取暖设备和被褥，而且可以替代人们维持体力所需但又匮乏的食物。他们说："当然，有些人认为目前食物匮乏，我们无法谈什么体操运动，此话不然，食物越是不足，我们越是要用其他方法来增强我们的体力。"这意味着我们必须用额外消耗体力的方法来增强体力。按照美国人对体力的看法，计算一个人有多少有效体力，总是看昨天是否有了8小时或5小时的睡眠，饮食是否规律，是不是寒冷。日本人的计算则与此相反，他们并不依赖体力的储备，那只是物质主义的看法。

在战争中，日本的广播更为极端，甚至说在战斗中，精神可以战胜死亡这种生理上的现实。有家广播电台曾播送过一个英雄飞行员战胜死亡的神话：

空战结束后，日本的飞机以三四架的小编队飞回机场。一个大尉是首批返回者之一。从他的机舱跳出之后，他站在地面用望远镜观察着天空。在他的队员返回过程中，他一架一架地清点数目。他脸色苍白，但是非常镇静。最后一架飞机返航后，他写了一个报告并迅速送往总部。在司令部他向司令官作了汇报，汇报结束后就扑倒在地，在场的军官们赶紧跑上前帮忙，但他已然断气了。检查他的尸体，才发现他的身体早已冰凉，胸部有一处弹伤。刚去世的人身体是不会这样冰凉的，可大尉的身体已经像冰一样冷。大尉必定是死去多时，他的精神支撑他完成任务并做完汇报。一定是这位战死的大尉强烈的责任感创造了这个奇迹。

对美国人而言，这完全是无稽之谈，但是受过教育的日本人却不会嘲笑这则广播。他们相信，日本的听众肯定不会认为这是编造的故事。他们首先指出这则广播如实说明了这位大尉的英雄事迹是"奇迹般的事实"。为什么不会有奇迹？灵魂是能够被训练出来的，很显然这位大尉是自我修炼的大师。如果整个日本都明白"镇静的精神万古不灭"，那么这种精神为什么不能在一位把"责任"作为人生信条的大尉身上多维持一段时间呢？日本人深信通过严格的训练，能够使一个人的精神达到最高境界。大尉学会了，也收到了效果。

作为美国人，我们完全可以对日本人的这些极端行为不屑一顾，视之为贫穷民族的托词，或者是受骗者的幼稚妄想。然而，如果我们越这样想，就越无法在战时或平时对付日本人。他们的信条是用一定的禁忌、排斥或通过一定的训练方法注入日本人心中，培植得根深蒂固。只有美国人认识了他们，我们才能了解日本人在战败后承认"光有精神是不够的"、"企图用竹枪来守住阵地是幻想"这些话的真正含义。更为重要的是，我们也才能估量他们这番话的涵义，即在战场上，在工厂中，经过与美国人的精神进行较量，日本人认识到光有精神力量是不够的。正像他们在战败后所说的，在战争中，他们完全是"凭主观意识的"。

日本人在战争期间对各种事物的说法（不仅是关于等级制，关于精神力量高于一切的说法），都为比较文化研究者提供了素材。他们经常会说安全、士气问题不过是一个精神准备的问题。无论结局如何，民间遭遇的轰炸，或塞班岛的溃败，又或是菲律宾保卫战的失败，日本政府对老百姓的解释总是一切都在预料中，无须担忧。录音机仍然夸夸其谈，显然指望国民相信他们生活在一个预料之中的世界。"美军占领基什加岛使日本处于美国轰炸圈之内，但是我们对此早有估计，并做了必要的准备。""敌人肯定会对我们发起陆海空三军联合攻势，但这是我们计划内的事情。"战俘，甚至于那些希望日本在一场没有希望的战争中尽早战败的人也确信，轰炸不能摧毁本土人民的士气，"因为他们早有准备"。当美国人开始轰炸日本城市时，飞机制造协会副会长在电台广播中宣称："敌机终已飞到了我们头顶。然而，飞机制造者早就预料到这一点，且已准备好万全措施。因此，没什么可担忧的。"只有一切都在预料计划中，日本人才能继续坚持自己那种必不可少的主张——万事都是我们主动要求的，绝不是被动的，不是别人强加的。"敌人，愿意你就来吧"。他们不会说，"该来的终究会来"，而是说"我们所期待的终于来临了。我们欢迎它的到来"。海军大臣在国会演讲中引用了19世纪70年代的伟大武士西乡隆盛的遗言："有两种机会，一种是偶然遇上的，另一种是自己创造的。在面临巨大困难的时候，一个人必须自己去创造机会。"另外，广播声称，当美国军队进驻马尼拉之时，山下（奉文）将军"微笑着说，敌军在林加延湾登陆后，已在我们的掌控中，马尼拉的迅速陷落，只是山下将军算计的结果，契合了将军的部署。眼下山下将军的计划正在继续实施中"。换言之，败得越惨，事态发展得越顺利。

美国人也走极端，但是走向了日本人的反面。美国人投入战争是因为这场战争是别人强加的。我们受到了打击，所以一定要还以颜色。发言人在计划安抚大众情绪时，谈及珍珠港事件、巴丹半岛溃败，绝不会说"这全部在我们意料之中"，相反的，官员们会说，"敌人强行干了这一切。我们将会给他们点颜色瞧瞧"。美国人把他们的全部生活调节得适应于充满挑战的世界——随时准备接受挑战。日本人的信念则建立在"诸事俱在意料之中"的前提之上，最大的威胁来自意料之外。

日本人在行动作战中经常宣传的另一主题也反映了日本人的生活。他们经常觉得"世界的眼睛始终注视他们"，因此他们必须展示日本人的整体精神。美军登陆瓜达尔卡纳岛之际，日军向其部队下达的命令是，他们正处于世界的直接注视之下，必须表现他们的男儿本色。日本的海军官兵被告诫，一旦遭受鱼雷攻击，奉命弃舰时，他们必须以最"男人"的姿势登上救生艇，否则"会遭受世界的嘲笑。美国人会把你们的丑态拍成电影，拿到纽约放映"。这关系到他们留给世人的观感，他们对这一点的重视，深深植根于日本文化。

日本人态度中最显著的问题在于对天皇陛下的态度。天皇对其臣民的统治力究竟如何？一些美国权威指出，贯穿日本封建王朝七百多年历史的天皇只是个有名无实的元首。每个人都直接效忠他的领主，即大名，除此之外，就是军事大元帅——将军。对天皇效忠与否几乎不是问题。他被软禁在孤立的宫廷，宫廷里的仪式、活动都必须依照将军制定的规章制度。即使是一个地位很高的封建领主，效忠天皇也是一种叛逆。对一般民众而言，天皇几乎是不存在的。美国研究者坚持认为，只有通过日本的历史才能理解日本，一个从日本民众模糊不清的记忆中被重新抬出来的天皇，何以成为日本这一保守民族集结力量的真正精神中心？日本评论家喋喋不休反复强调天皇对其臣民永恒的统治权，完全是夸大其辞，他们的坚持恰好证明了他们论据的脆弱。因此美国的战时政策对天皇没有任何礼遇。恰恰相反，我们有充分理由把最猛烈的攻击对准这个日本刚刚捏造出来的邪恶"元首"概念。这个概念是日本现代国家神道的核心，如果我们挑战进而摧毁天皇的神圣性，敌国日本的整个结构就会坍塌。

凡是熟悉日本的美国人，读过来自前线的或日本方面的报道或文献的有才干的美国人，则持相反意见。在日本生活过的人都非常清楚，没有什么比用言辞侮辱天皇，或者攻击天皇，更会刺痛日本人，并激起他们的士气了。他们绝不相信，攻击天皇在日本人眼中无异于攻击军国主义。第一次世界大战后，他们亲眼目睹"民主"口号非常响亮，军国主义臭名昭著，东京军人上街前谨慎地换上便服，然而在那样的日子里，对于天皇的崇敬照样狂热。曾经在日本居住的人认为对于天皇的"崇敬"与纳粹的"嗨，希特勒"不能相提并论，后者是纳粹命运的晴雨表，与法西斯的罪恶密切相关。

日本俘虏的证词说明了这点。与西方士兵不同，日本俘虏并未受过在被俘后可以说什么、不能说什么的教育，因此，他们对各种问题的回答，显然缺乏统一性。这种缺乏训练当然归根于日本的不投降政策。这种状况直到战争结束前几个月也没有改变过，但那时只限于一部分军团和地方部队。战俘们的证词足以引起重视，因为他们代表了日本军队中的普遍观点。他们并不是那种由于士气低落就会投降的军队，不会因投降就丧失了代表性。除了极少数以外，绝大部分士兵都是在负伤、失去知觉、丧失抵抗力的情况下被俘的。

顽抗到最后的日本战俘们都把极端军国主义归根于天皇，他们都认为是在"遵圣意"、"慰圣虑"，是在"为天皇的命令而献身"，"天皇领导国民进行圣战，服从是我的天职"。但是那些反对这场战争及日本侵略计划的人们，也不约而同地把他们的和平信念归于天皇。对全体国民而言天皇就是一切。厌战者提及天皇，更坚称他为"热爱和平的陛下"、"陛下仁爱、反战"、"陛下被东条欺骗了"、"在满洲事件中表现出了对军方的不满"、"战争伊始并未得到陛下的许可，陛下反感战事，决不会允许他的臣民被卷入战争"。这些言辞和德国战俘所言大相径庭，尽管德国人抱怨德国的将军们或最高司令部背叛了希特勒，他们仍认为战争以及备战的责任归咎于战争的煽动者——希特勒。日本战俘非常清楚对皇室的忠诚与军国主义侵略战争政策是两码事。

然而，对他们而言，天皇与"日本"又是密不可分的。

"没有天皇的日本不是日本"，"无天皇之日本无法想象"，"日本天皇是日本国民之象征，宗教生活之核心，天皇就是超宗教的信仰对象"。如果日本战败，天皇不会因此受到谴责。"民众不会认为天皇应该为战争负责任"，"如果战败，军部内阁及军部领导人理应为此负责，而非天皇"，"纵使日本战败，所有的日本人仍将一如既往地尊崇天皇"。

这些一致认为天皇不受任何批评的论调，在美国人看来是虚假的，他们早已习惯用怀疑、批判的眼光看待所有人。但是毫无疑问，这确是日本直至战败的统一论调。那些最有经验的审讯战俘者认为没有必要在讯问笔录上写上一笔"拒绝诋毁天皇"，因为所有的战俘，包括那些和盟军合作，为我军向日军做反战宣传的人都是如此。纵观收集到的许多战俘的供词，只有三人流露出反对天皇的情绪，仅有一人极端地说："让天皇继续在位是个错误。"另有一人说"天皇是个意志薄弱的人，只是一个傀儡"。第三个人则只是猜测天皇会让位于太子，如果废除日本君主制，日本妇女就有望获得艳羡已久的美国妇女拥有的那种自由。

正因如此，日本的统帅们才会利用全体国民的这种一致尊崇。他们向士兵分发香烟时，声称这是"天皇陛下的赏赐"，在天长节，率领部下向东方三鞠躬并高呼"万岁"，即使部队遭受日夜不停的炮火攻击，指挥官们也会早晚号令部下共诵天皇在《军人敕令》中亲致军人的"神圣语录"，让"洪亮的歌声传遍森林的每个角落"。军国主义者极尽可能地利用人们对天皇的忠诚。他们号召部下"奉诏必谨"、"除圣虑"、"以崇敬之心报陛下的仁慈"、"为天皇献身"。但这种对天皇意志的遵从是把双刃剑。正如战俘们所说的那样，"只要天皇一声令下，日本人即使手中只有竹竿也会毫不犹豫马上投入战斗。同样，只要天皇下令，他们也会迅疾停止战斗"；"如果天皇下诏，日军明天就会放下武器"；"即使是满洲的关东军——最骁勇好战的军队也会放下武器"；"只有天皇的命令才能使日本国民承认战败，并心甘情愿为了重建家园而生存下去"。

对天皇无条件的忠诚，与对其他人及集体的横加指责形成了鲜明对比。无论是日本的报纸杂志，还是战俘的供词，都有不少对政府和军队领导人的批判。战俘们对指挥官大肆抨击，尤其是那些不能和士兵们共患难的军官，他们尤其痛恨那些坐飞机逃跑却撇下士兵并命令他们顽抗到底的指挥官。他们并不缺乏辨别善恶的能力，常常对一些指挥官大加赞扬，对另外一些则严厉指责。甚至国内的报纸杂志也在指责"这个政府"，他们要求更加强有力的领导和更大的协同努力，并且指责政府不能令人满意。他们甚至抨击政府限制言论自由。1944年7月，东京一家报纸刊登的一篇有新闻记者、前国会议员、日本极权政党——大政翼赞会领导人物参加的座谈记录，便是最好的一例。其中有位发言者道："我认为有多种方式可以振奋日本民心，但是最重要的一种就是言论自由。近几年，日本人民都不敢坦白地直抒己见，他们担心一旦陈述事实就会受到责怪。他们犹疑不决，只是忙于表面应付，民心怯懦。这种情况下我们根本无法激发出人民的全部战斗力。"另一位发言者对此进而发挥道："我几乎每晚都同选区的人举行讨论会，询问他们对许多事情的看法，但他们噤若寒蝉，根本不敢开口。言论自由被否定了，这肯定不是激发人民斗志的正确方法。人民受到所谓战时特别刑法和国家安全法的严格制约，怯懦如封建时代的老百姓，因此本该发挥出来的战斗力至今仍未发挥出来。"

即使在战争期间，日本国民也在无休止地批判政府、最高司令部和他们的直接上司。他们并没有毫无条件地认可君主制的优越，然而天皇是有特权的。天皇的特权在近代才得以确立，他的地位是如何确立的？日本人性格中有什么怪僻会使天皇获得这种神圣不可侵犯的地位？只要天皇一声令下，士兵们就会挥舞竹剑战斗至死。同样，只要敕令一下，日本人也会坦然承认失败，接受占领。日本战俘所说的这些都是真的吗？还是为了用这些废话来误导我们？又或者确有其事？

所有这些关于日本战时行为的重要问题，从日本人的反物质偏见到他们对天皇的态度，不仅关系到前线，也关系到日本国内局势。还有其他一些态度，更是事关日本军队。其中之一是对日本军队战斗力消耗的态度。当美国把海军勋章授予台湾海峡舰队总司令乔治·爱斯·麦肯因将军时，日本的广播电台对此表现出极大的惊讶，其态度与美国人截然相反。广播内容如下：

对总司令乔治·爱斯·麦肯因将军授勋的官方理由并不是他击退了日军，尽管我们不明白他们为什么不这么说，因为尼米兹公报已经这样宣告了。……麦肯因将军受勋的理由是他成功救援了两艘受损的美国战舰，并且把它们安全地护送回海军基地。这条小信息之所以重要在于这是个实实在在的事，而非虚构。……因此毋庸置疑麦肯因将军救援两艘战舰的真实性，我们希望你们了解的只是这一奇特事实：在美国，拯救两艘战舰就能授勋。

美国人对一切救援行动，对陷入困境者的一切帮助都深为感动。勇敢的行为，如果能拯救受难者，就更加是英雄行为。日本人的勇敢排斥这类拯救，即使是在B-29轰炸机和战斗机上配备救生设施，也会招致他们"胆怯"的怒斥。他们的报纸、广播反复强调这一点，只有视死如归才是美德，小心谨慎是可耻的。这一点，在对日本伤员和疟疾患者的态度上反映得极为明显。这些伤患在他们看来是废物，医疗服务非常不足，甚至不足以维持正常的战斗力。时间一长，补给上的困难致使本来就匮乏的医疗设施更加难以维持。但这还不是事情的全部，日本人的反物质主义在这儿也起了重大作用。日本士兵被教导说，死亡本就是精神的胜利，我们对伤者的细心照顾就好比飞机上的救生设施一样，是违背英雄主义的。日本人也不会像美国人那样，在日常生活中依赖外科医生。在美国，对伤病患者的怜悯远远超过对其他福利设施的关注，在和平时期，这一点引起了欧洲来访者的议论，而在日本人眼中，这是很怪异的。总之，战争期间，日本军队中没有一个受过训练的救护队能够冒着战火抢救伤员并及时救护伤者；也没有一个由前线收容所、后方野战医院及远离战场的康复医院组成的完善的医疗系统。日本对医疗品补给的关心更是可怜，在某些紧急情况下，干脆杀掉伤病员。尤其是在新几内亚和菲律宾，日本人常常不得不从医院驻地撤走，他们却根本没有在尚有希望的情况下预先转移伤病员的惯例。只有部队执行"有计划撤离"的计划，或是敌军已经近在咫尺，他们才会想一些应急措施。那时，负责的军医往往在敌军临近前射杀伤病员，或是伤病员自己用手榴弹自杀。

如果日本人对伤病员的态度是他们对待本国同胞的基本态度，这一点对于我们研究日本人对待美国战俘的态度非常重要。根据我们的标准，日本人以这种方式对待战俘，对待他们自己的伤病员，是犯了虐待罪。驻菲律宾前上校军医哈洛德·W·格莱特利在台湾做了三年战俘，亲眼所见"美国战俘得到了比日本士兵更好的医疗救护。当日本士兵没有任何医生治疗的时候，俘虏营里的盟军医官却精心治疗着美国战俘。有一段时间，日军自己配备的唯一一个医官是个下士，后来升了中士"。这位上校一年只能看到日本军医一两次。

日本人的牺牲精神最极端的表现当属他们的不投降政策。任何一支西方军队在战斗中拼尽全力，却发现陷入绝境，都会向敌军投降。他们也仍然认为自己是光荣的士兵，根据国际协议他们的名字将被通知全国，使其家属知道他们活着。无论作为士兵还是普通公民，家庭成员都不会感到耻辱。日本人对此则不同。光荣就意味着战斗至死。无望的境况中日本士兵会用最后一颗手榴弹自杀，或者进行大规模集体自杀式攻击，赤手空拳与敌搏斗，无论如何他们都不会投降。即使士兵们受伤，失去知觉被俘，"在日本他就再也无法抬头做人"，他丧失了名誉，对以前的生活来说，他已经是个"死人"了。

日本军队有上述内容的命令，但是从数据上看，显然在前线没必要对此进行特殊教育。日军忠实地执行这一军纪，以致在北缅会战中战死与被俘的比例是17166∶142，这个比率是120∶1。俘虏营里的142人，绝大部分是受伤、失去知觉被俘，只有几个是单独投降，或二三人一起"投降"的。西方国家的军队不会战斗至死，这几乎是个真理。阵亡率如果达到全军军力的1／4或1／3，部队罕有不停止抵抗的。然而在霍兰迪亚，日军第一次大规模投降，其比率是1∶5，这与北缅的1∶120相比已经是巨大进步了。

因此在日本人眼里，那些成为战俘的美国人，仅是投降这一事实就够可耻的了。即使没有受伤、疟疾、痢疾使他们从"健康人"中除名，他们也已经是"废物"了。许多美国人都曾讲述，在俘虏营中美国人发笑是多么危险的一件事，又是如何地刺激了看守。在日本人看来，当了战俘已经够耻辱的了，而美国人居然不懂得这一点，这对他们而言是无法忍受的。许多要求美国战俘遵守的规则，也是日本军官要求他们的看守必须遵守的。急行军或是乘坐拥挤的运输船，对日本兵而言是家常便饭。有些美国人还说，日本人反复严格要求战俘隐瞒违章行为，因为对日本人而言，最大的犯罪就是公开违抗。在战俘营，战俘们在白天外出筑路或构筑工事，规定他们不能从乡下带回食物，但这只是一纸空文，因为只要把水果和蔬菜包起来就行。一旦被发现，那就是猖狂的犯罪，这意味着美国战俘嘲弄了看守的权威。即使只是"顶嘴"，这种公开挑衅权威的行为也必将受到惩罚。日本军队对顶嘴的惩戒是很严厉的，即便是在日常生活中，日本人也严惩顶嘴。战俘营中发生的这样那样残暴、放肆的行为是各种文化习惯的必然结果，没有什么理由可言。我们把作为文化习惯之结果的行为和暴虐行为加以区分，并不是为其开脱。

尤其在战争初期，日本人深信敌军会虐待并杀死所有战俘，因而更加耻于投降。日军流传着这样一个传言：瓜达加纳尔被俘的日军士兵全部被坦克碾死了。此外，一些日军准备投降，美国却认为有可疑，因谨慎而将其杀害，这种怀疑往往是有其道理的。一个除了死亡别无选择的日本士兵，通常会以与敌人同归于尽为光荣，甚至在被俘后也常选择这条道路。就像其中一个战俘所说的那样："一旦下定为胜利捐躯的决心，未建寸功就默默死去简直是奇耻大辱。"上述可能性使我军倍加警惕，投降人数也因此减少。

投降可耻的思想深深植根于日本人的意识。他们理所当然地接受了这种行为，但与美国人理解的战争惯例大为不同，反之亦然。美国战俘要求把他们的名字通告美国政府，以便家属能得知他们安然无恙的消息，日本人极端鄙视这种行为。驻巴丹岛美军向日军投降，他们毫无准备，因为他们本以为美军一定会和日军一样顽抗到底的。日军对美国人不耻于成为战俘这一事实难以接受。

西方士兵和日本士兵行为上最具戏剧性的差异，毫无疑问在于日军被俘后竟与盟军合作。他们根本没有适应这种新环境的准则，他们丧失了名誉，也就丧失了作为日本人的身份。就在战争的最近几个月，才有一些人猜想，不管战争结果如何，他们也许能够回国。也有些请求被处决，他们说，"如果你们的习惯不允许，我就做一个模范战俘"，他们甚至比模范战俘更好。有些老兵以及多年的极端爱国主义者给我们指出日本弹药库的位置，仔细说明日军兵力的配置，为我们写宣传手册，与我军飞行员同乘轰炸机指点军事目标。好像他们翻开了人生新的一页，其内容与旧的一页完全相反，只有表现出来的忠诚是一致的。

当然，并不是所有的战俘全都如此，也有极少数是顽固不化的。无论如何，为了使上述行为得以实现，我们必须先创造某种良好的条件。有些美军指挥官很警惕，不敢接受日本人表面上的协助，以至有些战俘营根本未打算利用日军战俘可能提供的服务。然而在有些接受日军战俘合作的战俘营中，原先的怀疑则必须消除，而日益代之以对日军战俘的信赖。

美国人没有料想到战俘们会做出如此大的转变，这与我们的信条格格不入。但日本人的行为准则是：选择了一条道路，便全力以赴，一旦失败，他们会自然地改弦易辙。他们的这种行为方式，战后我们能否考虑加以利用？或者这只是个别被俘士兵的特殊行为？恰如日本人在战争期间的其他行为的特殊性强迫我们思考一样，它提出了有关整个生活方式的问题，他们的制度发挥作用的方式，以及他们学到的思维和行为习惯等许多问题。

第三章

各得其所

任何了解日本人的努力，都必须从理解"各得其所"这句话的含义开始。他们信赖秩序、等级制，我们推崇自由、平等，各执一端，对我们而言，很难赋予君主制以正当性，把它当作一种必要的社会结构来理解。日本人对于等级制的信心建立在一定的基础之上——即日本对于个人与他人、个人与国家的关系业已形成的整套观念。只有通过描述他们的民族习俗，例如家庭、国家、宗教以及经济生活，我们才有可能理解日本人的生活态度。

与看待国内问题的方式一样，日本人从他们的等级制观点出发来看待国际关系的全部问题。近十年来，日本认为自己居于金字塔的尖端，当下这个位置由西方国家取而代之，但他们对现状的接受仍植根于等级制观点。日本的外交文件一再表明他们对这一观点的重视。日本于1940年签订的"日德意三国公约"前言称："日、德、意三国政府确信，使世界各国'各得其所'乃持久和平之前提……"公约签订时天皇所发诏书再次提及此事：

皇国之国策为基于八纮一宇之肇国伟大精神，此乃我皇祖皇宗之大训，朕为此夙夜眷眷而无所措。今世局动乱不知胡底，人类蒙祸不成何极。朕所记念者，唯有早日芟除祸根，光复和平……兹观三国间条约之缔结，朕甚感欣慰。

唯万邦各得其所，兆民悉安居乐业，此乃旷古大业，前途尚遥……

就在偷袭珍珠港的当天，日本特使向美国国务卿赫尔递交的声明中，也极为明确地提到这点：

……使万邦各得其所乃帝国坚定不移之国策……与上述使万邦各得其所之帝国根本国策背道而驰，帝国政府断然不能容忍。

日本这份备忘录是为了回应日前的赫尔备忘录，后者强调了美国尊崇的最基本的原则，恰如等级制之于日本。赫尔列举了四点：互不侵犯主权和领土完整；互不干涉内政；信赖国际间的合作和调停；平等原则。这些都是美国人奉行平等和不可侵犯之权利的基本准则，也是我们认为不仅在国际关系中，而且在日常生活中也必须同样遵循的准则。平等，是美国人渴望建立一个更好世界的基础，是最高、最道德的基础。对我们而言平等意味着不受专制迫害、不受干涉、不受强制的自由，法律面前人人平等、人人都有权改善自己的生活。这就是我们所知的世界上正在组织实现的人权的基石。即使我们自己有侵犯之处，我们也支持平等的争议性，并以极大的义愤向等级制挑战。

美国建国以来始终坚守这一观点。杰斐逊把"平等"写入了《独立宣言》，而宪法之中的人权法案也是以此为基础的。一个新国家的公共文件中写入这些正式词句之所以重要，是因为它们反映了这个大陆的人们在日常生活中所形成的生活方式，一种不同于欧洲人的生活方式。有一份重要的国际报道文献，这就是年轻的法国人阿列克斯·托克维尔于1830年代初期访问美国后就平等问题所写的著作。他是一个聪明、敏锐的观察家，善于在美国这个陌生世界里发现许多优点。年轻的托克维尔成长于法国的贵族社会，在当时仍很活跃并有影响力的人士的记忆中，这个贵族社会先是受到法国大革命的冲击，然后又受到《拿破仑法典》猛烈的冲击。托克维尔高度赞扬了美国新奇的生活秩序，但他是从法国贵族的角度来观察的，而且这本书也向旧世界宣告了即将来临的新事物。他相信，美国是社会发展的前哨，这种发展也将在欧洲发生，尽管会有不同程度的差异。

托克维尔用相当篇幅描绘了这个新世界。在这儿人们真正意识到人人平等，社会交往建立在一种新型、和谐的立足点上，人与人之间可以平等对话。美国人从不拘泥于等级和礼节细枝末节，他们既不要求别人讲究礼仪，也不对别人施与这些礼节。他们喜欢说的是，自己并不欠任何人的情。在这里没有古老贵族式的或罗马式的家族，主宰旧世界的社会等级制已经烟消云散。这些人只相信平等，除此之外什么也不相信，即使是自由，有时也会无意忽视，而平等却是生命所系。

对美国人而言，通过外国人的眼睛，了解一个多世纪以前我们祖先的生活方式，是非常令人振奋的。这么多年来美国发生了巨大变化，但是主要的准则却从未改变过。如我们所见，美国1830年就已经是我们所了解的美国了。在这个国家，过去有，现在也仍然有像杰斐逊时代的亚历山大·汉密尔顿那样的偏爱贵族社会生活秩序的人，但是即使像汉密尔顿之流也认识到美国的生活方式并非贵族式的。

就在珍珠港事件之前，我们向日本声明美国太平洋政策赖以依存的最高伦理基础，也就是说出了我们最信奉的原则。我们坚信，沿着我们认定的方向前进的每一步都必将改善这个仍不完善的世界。而日本人一旦认定了"各得其所"并把其奉为信条，也是根据其社会经验所培育的生活准则。多少个世纪以来，不平等就是日本人组织生活的准则，既是最容易预见，也是最广泛被接受的。承认等级制对日本人来说就像呼吸那么自然，不过，这还不是一种简单的西方权威主义。行使权力的人、受权力支配的人都以一种与我们不同的传统来行事，目前日本人认定了美国权威处于等级制的最高位置，我们就更有必要尽可能清晰地了解他们的习惯。只有这样，我们才能以我们的方式推测出日本人在当前情况下即将采取的方式。

尽管日本近年来西化了，但它仍是个贵族社会。每一次寒暄、每一次接触必须表现出双方社会等级的差异。每当一个人向对方说"吃"或者"坐"时，他都会根据对方与自己的亲疏程度，或是上下级关系而选择不同用语。在不同场合，必须使用不同的"你"，动词也有不同的形式。换言之，日本像许多太平洋民族一样，有所谓的"敬语"，同时还辅以适宜的鞠躬、跪拜。所有这样的行为都要遵照严谨的规则和观念，不仅要知道向谁鞠躬，更要知道鞠躬的程度。对某一个人来讲是十分适度的鞠躬，用在另一个和鞠躬者关系稍有不同的人身上，就显得是一种极度的无礼。鞠躬有各种形式，从双手平放跪拜在地板上，前额触及手掌；到简单的动动肩、点点头。日本人必须尽早学习，并且学会在特定场合下表现出自己的敬意。

尽管阶级差异很重要，但并非只有阶级差异需要以正确的礼仪来确认，性别、年龄、家庭关系都必须考虑在内。即使是两个相同的人，在不同的场合尊敬的程度也会有所不同：如果两个人都着便装，双方都不用鞠躬；但若有一方身着军队制服，那么着便装的一方就得向他鞠躬。对等级制的尊奉是一门艺术，需要无数因素的平衡，在特定情况下，某些因素可以互相抵消，另外一些则反而增强。

当然也有互相之间不拘泥礼仪的人。在美国，这是指各自家庭生活圈子里的人们。回到家这个社会中最为熟悉的地方，一切形式上的礼节我们都不再在意。日本则不然，即使在家，也要学会礼仪并小心翼翼地遵守。当婴儿尚被背在母亲背上之时，她就会用手摁下婴儿的头，初学走路的孩子学的第一课就是尊重他的父兄。妻子要向丈夫鞠躬，子女要向父亲鞠躬，弟弟要向哥哥鞠躬，而姐妹不论年龄大小都要向兄弟鞠躬。鞠躬并不是形式，它意味着施礼者明白别人的权利，承认别人有权干预原本由自己处理的事情；受礼的一方也认识到自己要承担与其地位相当的责任。等级制建立在性别、辈分的基础上，长嗣继承制，是家庭生活的核心。

不言而喻，"孝"是中日两国共有的、最高的道德准则，公元六七世纪，日本从中国吸纳了包括孝道在内的佛教、儒教伦理以及中国的世俗文化。但是，为了适应日本不同于中国的家庭结构，孝道的性质不可避免地有所改动。时至今日，在中国，个人仍然必须对其大家族尽忠。这个大家族可能有成千上万的成员，宗族对全体成员拥有裁决权，并且受到这些成员的支持。在中国这样一个幅员辽阔的大国，不同的地区情况也有所不同，但是在大部分地区，同一村庄的居民大抵同属一个宗族。中国有450，000，000人口，却只有470个姓氏，同一姓氏的人多少都承认自己是宗族兄弟。某一地区的居民，可能全部属于同一宗族，而且，远离家乡住在城市的家庭也可能同宗。在广东那种人口稠密的地区，所有的宗族成员集中起来修缮宗祠，在祭祖的日子，共同向从祖辈流传繁衍下来的上千牌位致祭。每个宗族都有自己的财产、土地、寺院，而且也有用于宗族子孙教育的宗族基金。宗族把分散的宗族子弟集合起来，每十年左右刊印一次经过认真增订的族谱，记载有权分享本宗权利者的姓名。它有世代相传的族规，如果宗族不同意当局的意见，甚至会拒绝把本族犯人交给当局。在封建帝制时期，这种半自治性质的大宗族共同体，只是偶尔在名义上受到国家管理，那些由不断更迭的政府所指派的、定期调任的官员，在当地完全是外人。

在日本，情况则大为不同。直到19世纪，只有贵族家庭和武士才被允许使用姓氏。中国氏族系统中姓氏是基础，没有姓氏，或是相当于姓氏的东西，宗族组织就发展不起来。在某些宗族中，族谱就是这种相当于姓氏的东西之一。但是在日本，只有上流社会才有族谱，而且那种族谱的记录，像"美国革命妇女会"一样，是从现在活着的人追溯上去的，而不是由古至今列举始祖所传的所有后裔。两种方法绝不相同。除此之外，日本是一个封建国家，人民效忠的并不是宗族集团，而是封建领主。他是世袭领主，与中国那种短期官僚大有区别，后者在任区内始终是外人，不可能势力坐大。在日本重要的是一个人属于萨摩藩还是肥前藩。一个人是与他的藩联系在一起的。

另一种使宗族制度化的方式就是在神社、圣地祭拜远祖或氏族神。这种方式即使对那种没有姓名和族谱的普通老百姓而言也是可行的。但日本没有祭祀远祖这种仪式。"庶民"参与祭祀的神社里，村民集中在一起，无须证明他们同出一祖。他们被称为氏族神的"孩子"，之所以如此称呼，是因为他们住在这位祭神的封地上。这样的祭拜者和世界各地的村民一样，由于世代定居，彼此之间有一定的亲戚关系，但他们并不是出自一个共同祖先的亲密的氏族集团。

日本家庭对祖先的崇拜是在起居室里的"佛坛"上进行的，一般只供奉六七个最近去世的亲属。无论在日本的哪个历史阶段，人们每天都在佛坛前祭祀着至今怀念的父母、祖父母以及一些近亲，并供奉食物，拜祭的是类似墓碑的灵牌。即使墓碑上曾祖父、曾祖母的字迹已经模糊无法辨认，也不再刻写，三代以上的墓地甚至会被迅速遗忘。日本的家族联系淡薄得几乎接近西方，也许与法国的家族最相似。

因此，在日本"孝"只限于家庭内部面对面的家庭成员之间。意指在父亲、祖父、他们各自的兄弟、子孙范围内根据辈分、性别、年龄"各得其所"。即使在包括了较大集团的名门望族，家族也分成了许多分支，长子以下的男孩另立门户，成为"支系"。这样狭小的面对面的范围内，要求"各得其所"的规定十分细致。直到长辈正式退隐前，都必须严格服从。时至今日，一位有成年儿子的父亲，若他的父亲尚未退隐，做事之前未得他父亲的首肯，就不能付诸实施。孩子即使年届三四十，父母仍会干涉、安排他们的婚姻。父亲作为家庭的顶梁柱，用餐时第一个举箸，沐浴时首先入浴，在家庭中接受众人必恭必敬的行礼，他则只需点头受礼。日本有一则流行的谜语，译成中文就是："为什么想向父母提建议的儿子就像妄想头上蓄发的佛教徒？"（和尚／佛教徒接受剃度）答案是："无论多想，都无法实现。"

"各得其所"不仅意味着辈分的差异，还有年龄的差异。当日本人想表达"极端混乱的秩序"时，常说"非兄非弟"，如同我们讲"非鱼非鸟"。在日本人看来，长兄应该保持其长兄的性格。长子是继承者，到访过日本的人都说"日本的长子自幼就学会一套负有责任的气派"，长子拥有与父亲相差无几的特权。昔日，幼弟们都不可避免地要依赖他；现今，尤其是在城镇和乡村，当弟弟们接受更多的教育、收入更多、继续向前奋斗的时候，囿于规矩，长子仍然只能固守家业。等级制仍旧十分牢固。

即使在当今政坛，传统的长兄特权在大东亚政策的讨论中也表露无遗。1942年春天，陆军省一个中佐在代表战时政府发言时，就大东亚共荣发表了以下讲话："日本是长兄，其他国家是日本的弟弟。这个观点必须贯彻到占领地区的家家户户、每位居民。对居民们过多体谅，只会使他们产生一种利用日本仁慈的倾向，从而对日本统治产生不良影响。换言之，兄长决定什么对弟弟有益，在实施过程中就不要过多考虑。"

年龄无关紧要，个人在等级制中的地位取决于性别。日本妇女必须跟在丈夫身后，地位低下。即使妇女们穿上西服和丈夫并肩而行，进出门时走在丈夫前面，一旦换回和服，就仍然得退到后面。日本家庭中的女孩子们只能眼巴巴地看着礼物、关怀、钱、教育全部被兄弟们占有。即使有几所高等学校是为年青女子开设的，教授的课程却主要是关于教导礼仪和举止规范的。女孩子们的智力训练与男孩子相比根本不在一个水平线上，其中一所女校的校长鼓励中上流社会的学生学欧洲语言，其理由是让她们在丈夫们读完书后能为书掸去灰尘，正确放回到书架上。

然而，与其他大多数亚洲国家的妇女状况相比，日本妇女还是有更大的自由的，这并不单纯是日本西化的一种现象。她们不像中国上层社会的妇女那样缠足，而是可以自由上街、出入商店，无须锁足深闺，这使印度妇女羡慕不已。日本妇女掌管全家开销，购买日常所需。如果经济上陷入困境，也是妇女们从家私中挑选几样，拿去当铺。使唤用人的是主妇，她对子女的婚姻有极大的发言权。当了婆婆，她就会对儿媳行使家庭中家务决策权，似乎她自己前半生从未当过唯唯诺诺的儿媳妇。

辈分、性别、年龄在日本的特权是非常大的。但是行使这些特权的人扮演的是管理者，而不是随心所欲的独裁者的角色。无论家庭成员是生是死还是尚未出生，父亲或兄长都要对全家负责。他必须做出重大决定并保证其实行。他并没有无条件的权威，他的行为必须对全家的荣誉负责。他必须使儿子及兄弟们能牢记家族的遗产（包括精神的和物质的遗产），激励他们自强自重。即使他是个农民，他也会向祖先祈求保佑他担起责任。总之，他所属的阶层越高，他所负的责任就越重。家族的要求高于个人的一切。

遇到任何重大事件，不论门第如何，家长都要召开家族会议，在会上加以讨论。例如，一个有关订婚的会议，家庭成员可能会从很远的地方赶来参加。决议产生的过程会参照所有人的意见。一位妻子或弟弟的意见也可能左右决定。如果家长表现得无视众人意见，他将使自己陷入非常窘迫的境地。当然，那些命运被左右的人可能很难遵从这些决议，但那些一生都习惯了服从家庭决议的长辈，会毫不让步地要求晚辈像他们当年一样服从。家族要求背后的这种约束力，与普鲁士那种在法律上和习惯上赋予父亲对妻儿的专制权力是不同的。这并不意味着在日本这种约束力就有所减弱，但效果确实会有所不同。日本人在家庭生活中并未学习尊重专制权力，也并未轻易养成对专制权力屈服的习惯。无论那种要求多么严苛，家族意志是以全体成员都关心的名义，也就是以这种最高价值来要求服从，以一种共同忠诚的名义来要求服从。

每个日本人起初都是从家庭中学习等级制习惯，然后把他所学的运用到经济和政治等更广阔的领域。日本人学到一个人得尊重地位比他高的人，无论他们在这个集团中是不是真正具有支配力。即使是一个惧内的丈夫，又或是一个受弟弟支配的兄长，在正式关系上还是受其妻子、兄弟尊重的。特权间的界限不会仅仅因为有人在背后操纵而遭到破坏。表面关系也不会为了适应实际支配关系而改变，规矩是无法亵渎的。这些，有时甚至会给不拘正式身份而运用实权的人带来某种策略上的方便，因为那样不易受攻击。日本人也从家庭经验中学到，对做出的决定，其最有力的支持就是整个家族确信此决定能够维护家族的荣誉。这种决定不是处于家长地位的专制者强行推行的法令。日本的家长更像物质财产和精神财产的保管者，这些财产对全体家庭成员都很重要，要求个人意志从属于它的需求。日本人拒绝使用武力，但他们并不会因此而减弱对家族要求的服从，也不会因此而对有特定身份的人减少敬意。即使家庭长者也没有机会成为强有力的独裁者，家族中的等级制仍能维持。

美国人有着不同的人际关系准则，当他们读到上述关于日本家庭等级制的粗浅介绍时，并不能理解日本家族中那种强有力的感情纽带。日本家族存在着相当的稳定性，他们如何获得这种稳固性也是本书讨论的主题之一。其间，要想理解日本人在经济和政治等更广泛的领域对等级制的要求，了解在家庭中如何彻底贯彻等级制是非常重要的。日本人生活中的等级制，在阶级关系上像在家庭中一样强烈。纵观日本的整个国家历史，日本是个特权阶级盛行的社会。一个有着几个世纪等级制习惯的民族，特权阶级有其长处，自然也有其短处，当然，无论优劣，在日本历史上总归很重要。回顾日本整个有文字的历史，甚至可以追溯到公元7世纪，尊重阶级特权始终是日本生活的基本准则。那时，日本已经从无等级的中国吸取生活方式，使之适应其自身的等级制文化。7世纪到8世纪，日本天皇及其宫廷树立了"强大日本"的目标，立志使日本成为一个具有中国那种使日本使节赞叹不已的、拥有高度文明习俗的国家。他们以别人难以企及的精力进行这项事业。在那之前日本甚至没有文字，公元7世纪它借鉴了中国的表意文字并用之记述那种与中国完全不同的语言。在那期间，日本曾有一种宗教，四十万神祇守护着山川乡村，为人民赐福。这种民间宗教历经无数变迁，延续至今，成了现在的神道。7世纪，日本从中国大规模引进佛教，作为"保护国家至善"的宗教。在此之前，无论是官方还是私人，日本没有大型永久性建筑，天皇根据中国京城修建了新的首都奈良城，华丽的佛教寺庙和大型的佛教寺院依照中国式样进行建造。天皇们采用了使节从中国学来的官阶、品位和律法。在世界历史上，很难在任何其他地方找到另一个主权国家如此成功地有计划引进外国文明的例子。

然而，日本起初就未能复制中国无阶级社会组织。中国的官阶主要授予那些通过了科举考试的官员，日本采纳的官位制则不同，它把官阶授予世袭贵族和封建领主，他们成为了日本等级制的组成部分。日本不断分裂为大量的半独立领地，领主们互相嫉妒彼此的势力，许多相关的社会习俗也都与领主、家臣、侍从的特权有关。无论日本如何从中国引入文明，它却始终不能采纳足以取代等级制的其他生活方式，例如中国的官僚行政制度或那种把不同生活方式的人联合到一个庞大宗族之内的中国式宗族制度。日本也不能采纳中国世俗皇帝的观念。"天皇居所"在日语中称为"云上所"，只有这个家庭内部的人才能继位。中国历史上经常出现朝代更替，日本则从未发生过类似情况。天皇不可侵犯，生而神圣。日本天皇及其宫廷为日本引入了中国文化，但即使是他们也不能想象中国在这些方面作了哪些安排，也想不到他们作了哪些改动。

因此，尽管日本从中国输入了各种文化，但是新的文明只是为此后几百年间控制了国家的领主和家臣之间的冲突开辟了道路。7世纪末，贵族藤原氏攫取了统治权，把天皇软禁起来，赶到后台。斗转星移，封建领主们反对藤原氏的统治，整个国家陷入内战。群雄之一，著名的源赖朝征服了所有对手，成为国家实际上的统治者，"将军"是他名义上的头衔，全称"征夷大将军"。像日本的通常情况那样，只要他的后代能牢牢控制其他封建领主，他们就能世袭这一称号。天皇徒具虚名，没有任何实权，他的意义只在于向将军进行形式上的授爵（封赐）。实权掌握在幕府手中，通过武力来控制不肯服从的各藩，以维持自己的统治。每个封建领主，即"大名"，又都有自己的武装家臣，即"武士"。他们手持刀剑，随时准备为大名或将军向敌对势力挑战。

16世纪，内战无休无止。经历了几十年的无序混乱之后，伟大的德川家康击败所有对手在1603年成为了德川家族的第一代将军，德川家族掌握政权长达250年，直至1868年天皇和将军的"双重"统治被废除，德川的统治才宣告结束。在日本历史上，漫长的德川时代在许多方面都是最值得重视的时期之一。它使日本的政治稳定一直持续到德川统治的最后一代，并有效地推行了为德川幕府服务的中央集权制。

德川面临了最为严峻的困局，而他也始终没能找到合适的解决办法。势力强大的封建领主曾在内战中反对德川，直到最后惨败才俯首称臣，这些就是所谓的"外样"。德川允许他们继续控制他们的领土和家臣，事实上日本所有的封建领主在他们的领地上有绝对的自治权。然而他却剥夺了他们身为幕府家臣的荣誉，也不准许他们担任重要职务。这些重要职位都保留给内战中德川的支持者——"谱代大名"。为了维系这一艰难政局，德川家康制订了以下战略：防止大名、封建领主屯兵，防止任何威胁将军统治的联合。德川氏不仅没有废除封建体制，而且为了维持日本国内的和平和德川幕府的统治，还极力加强这一体制，使之更加稳固。

日本封建社会划分为复杂的阶层，秩序井然，每个人的地位凭世袭而定。德川氏巩固了这一制度，并对每个阶层的日常行为作了详尽的规定。每个家长都必须在其门口挂上牌子，表示该户的阶级地位及有关世袭身份的必要说明。他的衣着、食物、房子的规模都由他的世袭身份而定。天皇家族和宫廷贵族以下，有四种世袭等级，分别为武士、农民、工、商，其下还有贱民，贱民中数量最多，最为出名的是"秽多"，即从事各种禁忌职业的工人，如清道夫、掩埋死囚者、剥取死兽皮者及鞣制者等。他们是日本的"不可接触者"，更准确地说，他们根本不算人，甚至通过他们居住村落的道路也不计入里程，仿佛这个地区及其居民根本就不存在。这些人生活极为贫困，虽准许他们从事此类职业，却被排斥在正式社会组织之外。

商人的地位仅在贱民之上，这在美国人看来是不可思议的，但在日本封建社会却是铁一般的现实。商人阶级总是封建主义的破坏者，当商人阶层受到尊敬而繁荣，封建制度就会衰亡。17世纪德川氏颁布了其他任何国家都未有过的锁国令，从根本上铲除了商人的基础。日本曾在中国的沿海地区进行贸易交往，商人阶层随之必然发展。德川氏规定建造或驾驶的船不能超过一定尺寸，否则就要处以极刑，这都是为了遏止这种趋势。被允许建造的小船既不能航行到大陆，也不能运输商品。国内贸易更受到严格限制，各领地藩主在边界设税收关卡，严禁商品的出入。其他法令则规定商人阶层地位低下。节俭法（奢侈取缔法）对商人的穿戴、携带物品、婚葬开销都作了具体规定。商人不能和武士住在同一区域，法律不保证他们可以免受特权阶层——武士的凌辱。当时日本正是靠货币经济运转的，在货币经济面前，德川氏企图把商人永远置于卑贱地位的政策是注定会失败的。但德川氏却试图倒行逆施。

维持封建社会稳定的是武士和农民，德川幕府把他们分别冻结起来。内战期间伟大的名将丰臣秀吉已经用著名的"缴刀令"，完成了这两个阶级的分离。他解除了农民的武装，武士则成为唯一有权佩刀的阶级，他们再也不能兼做农民、工匠或商人。即使最低等的武士也不能再做生产者，他成了寄生阶层的一员，每年从农民的赋税中抽取年贡米作为俸禄。大名把征收的米按份额分给每个武士家臣。武士无须考虑生活来源，完全依赖领主。在日本历史的早些时候，大名和武士之间的牢固纽带是在各藩间无休止的战争中结成的，到了太平的德川时期这种纽带变得具有经济性了。武士、家臣不同于欧洲的骑士，他们既不是拥有领地和农奴的小首领，也不是富有的士兵。武士只是领俸者，而且他的俸禄早在德川初年即按照其家庭水平固定了。这份俸禄并不会太高。日本学者估计所有武士的平均俸禄与农民的收入相差无几，只能维持基本的生活，对武士家庭最不利的莫过于几个继承人分割这份俸禄，因此武士们限制家庭规模。对武士而言最恼人的莫过于威望取决于财产和外表，所以他们的信条是，简朴乃最高的美德。

武士和其他农、工、商三个阶层之间有巨大的鸿沟。后三者是"平民"，而武士则不是。武士的佩刀不是装饰，是他们作为特权阶级的标志，他们有权对庶民动刀，这是在德川统治前就已经形成的传统。德川家康颁布的法令中规定："凡是对武士无礼，对上级不敬的庶民，就地处斩"，这也不过是强调旧的习惯。德川家康根本没有考虑在庶民和武士之间建立互相尊重的关系，他的政策建立在严格的等级规范基础上，两个阶级都效忠大名，直接受命于他。他们各属不同的阶层，每个阶级各有其法令、规则、统治和互相的义务。两个阶级之间只有不可逾越的距离。有时迫于形势，阶级之间要一再搭起桥梁，但这毕竟不是这一体系本身所固有的。

德川统治初期，武士家臣不只是舞刀弄枪。他们日益成为领主财产的管理人及各种风雅艺术的专家，例如能乐和茶道。所有的文书均由他们处理，而大名的谋略也依靠他们的巧妙手腕来实现。两百年的和平是一段很长的岁月，舞刀弄枪是很有限的。就像商人，尽管受到特权阶级的制约，还是会追求舒适、高雅的生活方式，武士虽然随时准备应战，但也发展了各种风雅艺术。

尽管明文规定农民不得反抗武士，但考虑到他们饱受强加的沉重年贡和各种限制之苦，仍然有某些安全保障以保护农民对农场和土地的所有权，而在日本，有土地就有威望。德川统治时期，土地严禁转让，与欧洲封建主义不同，这项法令并非用于保障封建领主而是保障个体耕作者的利益。农民有他极为看重的永久的土地所有权，并且像其后代一样勤勉、不辞劳苦地在稻田里耕作。然而，农民养活着整个上层寄生阶级共计两百万人，其中包括将军幕府、大名机构及武士家臣的俸禄。农民被征收实物税，也就是要以一定比例向大名上缴收获。在同样是水稻种植国家的暹罗，传统赋税是10%，日本则为40%，事实上比这还要高，在某些领地高达80%。此外还有强迫劳动和义务劳动，消耗了农民的精力和时间。和武士一样，农民限制家庭规模，整个德川时代，全国的人口数量几乎保持不变。作为一个经历了长期和平的亚洲国家，日本的人口数字很能说明那个时期的统治状况。不论是靠年贡生活的武士，还是生产者阶级，都受到了斯巴达似的严格限制，但在下属和上级之间也有相对的依赖性。人们非常清楚自己的义务、特权及地位。如果这些受到损害，最贫困的人也会提出抗议。

农民即使赤贫，也发起过反抗，不仅反抗封建贵族，而且也反抗将军统治者。在德川统治的250多年中，全国发生了至少1000

多起叛乱。这些叛乱的起因并非由于"四公六民"的传统重赋，而是由于种种新增赋税。在忍无可忍之时，农民们成群结队地拥向藩主，但是请愿、抗议都是有序进行的。农民们写好匡正苛政的请愿书，并把它呈交藩主内臣。当请愿书被内臣扣押，或者藩主对此置之不理，农民就会派代表前往首都，把意见呈递上去以保证不被扣押。尽管农民递状子要冒极大危险，但幕府收到状子后则立即宣判，其判决约有半数对农民有利。

然而，将军对农民申述的判决并没有满足日本法律和秩序的要求。农民的抱怨可能是正常的，国家尊重他们也是可取的，但是农民领袖逾越了等级制的严峻法令。尽管判决对农民有利，他们还是触犯了这一法令，不管他们的出发点如何合理，也必须被判处死刑，甚至农民起义者也无法否认这种无法逃脱的命运。受刑的人是他们的英雄，人们聚集于刑场，起义领袖被投入油锅、斩首或被钉上刑架，目睹行刑的民众也不会暴动。这就是法令和秩序。行刑后民众会为亡者修祠，把他们尊为烈士，但却认为行刑是他们赖以生存的等级制法令的核心，必须接受。

总之，德川幕府历代将军都力图在各藩巩固特权阶级结构，使每个阶层都依赖封建领主。各藩大名居于等级制的顶端，对他的下层行使特权，将军的首要任务就是控制大名。他采取一切手段防止大名结成联盟，或推行逆谋计划。各藩藩界设有哨所关卡，查验过往行人，严禁"出女入炮"以防大名送走他的妻妾、私运武器。未经将军许可，大名不得缔结任何婚约，以防政治婚姻联盟的危险。各藩之间的通商受到阻碍，彼此之间甚至不能通桥。将军的耳目还向将军通报大名的开支，一旦藩主的金库充盈，将军就会要求他承担耗资巨大的公共建筑工程，使其财政水平降至原点。各种规定中最有名的一项是限定大名每年必须在京都居住半年，即使他返回自己的领地，也必须把自己的妻子留在东京作为人质。幕府不择手段确保权势，加强其在等级制中的统治地位。

当然，将军并不是这一等级制拱门的拱心石，毕竟他只是接受天皇的任命而掌握统治权。天皇及其贵族宫廷被软禁在京都，毫无实权。天皇的财政收入比最小的大名要少，宫廷仪式受到了将军（幕府）的严格规定。然而，即使最有权力的德川将军，也不会采取任何措施废除这种天皇和实际统治者并列的双重统治，这在日本并不是什么新鲜事。12世纪以来，将军以被剥夺了实权的天皇的名义统治这个国家。权力分割过甚以至于徒有虚名的天皇把实权托付给一位世袭的世俗首领，后者的权力又由其世袭政治顾问来行使，原来的权力一分再分。即使在德川幕府统治末年，培里将军也没想到将军背后还有天皇，而美国的第一位驻日公使哈里斯于1858年与日本签订第一个商贸条约时，也才发现原来还有一位天皇。

实际上，日本关于天皇的概念就是在太平洋诸岛上一再被发现的那种观念。他是神圣领袖，可以参政，也可以不参政。

在某些太平洋岛屿上，他自己行使权力；在另一些岛屿上，他把权力委托给别人，但他本身总是神圣不可侵犯的。在新西兰各部落，首领神圣不可侵犯，他不会亲自进食，由专人奉食，甚至他奉食的勺子也不可侵犯。在新西兰各部落，神圣首领外出之时，必须由人抬送，因为凡经圣足接触过的土地都自动成为圣地，而归神圣首领所有。他的头同样神圣不可触摸，他的话的分量等同于部落神。在某些太平洋岛屿，诸如萨摩亚岛、汤加岛，神圣首领完全与世俗生活脱离，世俗首领则操持国家的各项事务。詹姆斯·威尔逊于18世纪末到访太平洋的汤加岛时写道，"与日本政府最为相似，神圣首领就是军事将领的某种政治犯"。汤加岛的神圣首领不参与政务，但却主持宗教仪式。他们得接受果园摘下的第一批果实，并且主持举行仪式，然后人们才能吃。神圣首领去世之后，使用"天国空虚了"的悼词，人们举行隆重的仪式，把首领埋葬在巨大的王陵。首领地位如此崇高，但他毫不干政。

天皇即使毫无实权，是所谓"军事将领的某种政治犯"，在等级制中仍然占有其应有的位置。天皇积极参与俗务，对日本人而言这并非是衡量天皇地位的尺度。在征夷大将军统治的漫长的几个世纪里，日本人始终看重天皇在京都的宫廷。在西方人眼里，天皇的存在是多余的，日本人习惯了严格的阶级等级角色，所以并不这么看。

封建时期，上自天皇，下至贱民，等级制度的规定都非常严苛、极端，给现代日本留下了深刻影响。毕竟，封建统治直到75年前才正式结束，而根深蒂固的民族习惯不可能在一个人的一生中霎时无影无踪。时至近代，日本政治家们也曾审慎计划（我们在下一章就可看到），尽管国家的目标有了极大变化，但仍然维持着大量的旧体制。日本不同于其他任何一个君主制国家，它对世界早有规划，日常行为的最小细节及个人所处的地位都有明确规定。两百多年以来，日本以铁腕推行法令、秩序，日本人都学会了把这种细密的等级制等同于安全稳定。只要他们还待在熟知的屏障之内，只要他们履行已知的义务，他们就会信任这个世界。盗贼得到控制，大名间的内战也得到遏止。如果臣民能证明别人侵犯了他们的权利，他们可以像农民受到剥削一样提出诉讼。这样做虽然很危险，却能得到大家认可。历代德川将军中的最开明者甚至设置了"诉愿箱"，市民们可以把自己的意见投掷箱内，只有将军才有开箱钥匙。如果日本人的行为不容于现存的行为规范，日本则有真正的保障足以纠正类似的侵犯行为。只有人们遵循现存的行为规范，他们才会觉得安全、有保障。人们显示出极大的勇气、正直来顺从，而不是更正、反抗这些规范。在规范之内，人们觉得世界可知而且足以信赖。这种规范并不是摩西十诫中抽象的伦理道德准则，而是详细说明具体问题，诸如这种或那种情况不该如何处理；武士或贱民的不同规范；对兄、弟的不同态度等。

某些民族因处于强权等级制统治之下，人民变得恭顺，日本人则不然。重要的是要承认，日本的每个阶层都得到了可靠保障，甚至贱民阶层也得到承诺，保障他们对其所在行业享有垄断经营权，他们的自治团体也是经当局认可的。每个阶层都有自身的限制条件，但也更加有序、安全。

　　日本的等级制还有包括印度在内的一些国家所没有的灵活性。规范提供了一些具体措施，既可巧妙调节制度，但又不违常规。一个人可以通过好几种途径改变他的阶级地位。在日本的货币经济制度下，借贷者、商人必然富有，富人用各种传统手段跻身上流社会。他们利用典押和地租摇身一变成了地主。农民的土地不得转让，但是日本的地租非常贵，把农民留在田地上是非常有利的。借贷者收取田租，依靠土地安身立命，日本这种土地所有权使他们权、利双收。他们的子女与武士阶层通婚，也就成为上等阶级。

　　另一个变通等级制的传统方式就是过继和收养，它提供了一种购买武士身份的途径。尽管德川氏有诸多限制，商人们还是日益富裕，他们设法使自己的儿子进入武士家庭。在日本，个人很少收养儿子，只会为女儿招婿，也就是"婿养子"，他们随之成为岳父的继承人。因为名字受到原有家庭的困扰，他以极大代价把自己的名字从原来的户籍中抹去，冠以妻姓并和岳父母一起生活。尽管代价沉重，但获益匪浅。大量商人后嗣成为武士，穷困拮据的武士家庭则与富贾联姻。这种行为并未危及等级制度，但是通过变通手段，为富者提供了上层阶级身份。

因此，日本并未要求只能在同一阶级内部通婚，相反，有公认的可互相通婚的手段。富裕商人渗入低层武士阶层，对于加深日本和西欧之间的巨大差异产生了重要影响。欧洲封建主义的崩溃，归因于日益壮大的新兴中层阶级带来的压力，他们主宰了现代工业时代。在日本从未出现过这样强大的中产阶级。商人、借贷者通过社会许可的手段"购得"了上层阶级的社会地位；商人、下层武士结成联盟。在欧洲与日本的封建制度行将崩溃之时，日本竟然容许比欧洲大陆更大的阶级流动性，这一点实在令人惊奇，然而没有任何迹象表明日本贵族和市民阶层之间存在斗争，就是这种情况最令人信服的证据。

说日本这两个阶级的共同目标对双方都有利，这是很容易的，但是，在法国也可能对双方都有利；在西欧也有二三个类似的例子；但是阶级固定性在欧洲却十分顽固，正是阶级间的激烈冲突导致了法国剥夺贵族财产。推翻衰败幕府将军统治的联盟是由商人、金融阶层和武士阶层组成的。近代日本政府维持了贵族制度，如果没有被容许的阶级流动手段，这种情况是很难维持的。

日本人喜爱并信赖他们缜密的行为规范，这是有一定的理由的。只要遵循这些规范，就能得到保障；它允许对非法的侵犯进行抗议，并可加以调节以适应自己的利益。它要求相互履行义务。德川政府在19世纪后半叶瓦解了，却没有人有意粉碎这些规范。没有法国革命，甚至没有"1848式的革命"。上自将军，下至贱民，每个阶级都欠高利贷者和商人的债。大量的非生产者阶级和巨大的财政支出都无法支持了。拮据的大名再也无法支付其武士、家臣的定额俸禄，整个封建纽带都无异于一个笑话。他们试图增加农民本已很重的赋税来避免沦丧。常年预征，农民生活贫困至极。将军也破产了，无力维持自身的统治地位。1853年培里将军率军到达时，日本陷入了极端贫困。培里于1858年再次率部强行进驻日本，强迫日本与美国签订了通商条约。

此时日本最大的呼声是"一新"，即追溯过去，复古中兴。这种口号站在革命的对立面，甚至不是进步的。和"尊王"的口号联系在一起的是另一同样流行的口号"攘夷"。全国上下都支持回到锁国政策的黄金时代，只有极少数领导人知道这是不可行的，他们奋斗过，却被暗杀了。似乎没有丝毫征兆表明日本这个不喜革命的国家会改弦易辙、顺应西方模式，更不用说50年后居然能与西方列强一争长短。但这一切还是发生了。日本发挥了与西方各国不同的自我优势，达到了高层人士和一般舆论都未曾企及的目标。19世纪60年代西方人如果从水晶球中看到了日本的未来，他们一定不敢也不会相信的。因为当时地平线上并没有巴掌大的乌云预示未来的几十年会有风暴席卷日本。然而，不可能的事毕竟发生了，滞后、受制于等级制的日本民众转向了另外一条道路并坚持到底。

第四章

明治维新

宣告近代日本到来的号角声是"尊王攘夷"。希望使日本恢复10世纪天皇和将军"双重统治"出现之前的黄金时期的状况。这一口号的目的在于使日本免受外国欺侮。江户的天皇宫廷是极端保守派的大本营。保皇党的胜利，对他的支持者而言意味着对外国人的羞辱和排斥，意味着恢复日本传统的生活方式，意味着剥夺"改革者"在事务上的发言权。外样大名，即日本势力最大的大名，也就是推翻幕府统治的先锋，希望通过天皇复位取代德川氏而统治日本，更换当权者；农民们盼望拥有更多的稻米，却憎恨"改革"；武士则盼望保持年俸，并能挥刀建功；在财政上支持复古的商人，希望推行重商主义，却从未指责过封建制度。

　　1868年到德川势力胜利之后，王政复古，"双重统治"结束。以西方标准来看，日本之前推行的是一种极端孤立主义政策，因此从一开始，新政府就采取了截然相反的政策。不到一年，就取消了大名在各藩的征税权。它收回了田契，并把"四公六名"中交给大名的"四成"收归政府。但这种征收是有赔偿的，政府分配给每个大名等同于他一半收入的俸禄，同时，还免去他们的公共建设开支及武士薪俸的开销。武士家臣也和大名一样从政府领取俸禄。接下来的五年之内，废除阶级间的不平等，及作为等级、地位的服饰外观标志，甚至下令脱发。

解放贱民，废除禁止土地转让的法令，取消各藩之间的关卡，取缔佛教的国教地位。到1876年，又把大名、武士的俸禄变为相当于五至十年的一次发放。其数额的大小是以他们在德川统治时期所领俸禄而定，这笔钱可用于在非封建经济条件下开办企业。"这是早在德川时代已经证迹俱在的商业金融巨子与封建土地贵族的那种特殊结合的最后确立"。

新生的明治政府的这些重大改革举措是不得人心的。与这些改革措施相比，当时人们对1871—1873年侵略朝鲜抱有更大的热情。明治政府不仅坚持采用强硬的改革措施，而且取消了远征计划。改革措施严重违背了大部分推翻幕府统治建立新政权的奋战者的初衷，以至1877年，在对立派的伟大首领西乡隆盛的领导下，爆发了一次大规模的叛乱。他的军队代表了保皇派维持封建制度的意愿，明治政府从一开始就背叛了这种愿望。虽然政府组织的武士志愿军最终击溃了西乡隆盛的武士军队，但这次叛乱反映了当时日本国内对明治政府的不满有多么强烈。

农民的不满也显而易见。从1868年到1878年，即明治政府统治的十年间，至少发生了190起"均地权"的叛乱。1877年新政府才缓缓起步下令减轻农民的重赋，所以，也难怪农民觉得政府对他们置之不理。此外，农民还反对建学校、征兵制、测量土地、散发脱刀令、予贱民平等权、严格限制佛教、年历改革及许多改变了他们固定生活方式的其他举措。

面对诸多不满，是谁支持新政府推行这些强硬、不得人心的改革呢？是封建时代就已孕育而成的下层武士和商人阶级的"特殊联盟"。这些武士作为大名的心腹，熟知国策，又经营过封建垄断企业，如矿山、纺织、造纸等。商人们则购买了武士阶级身份，并在武士阶层传播了生产技术知识。这种武士和商人结成的联盟迅速把自信的官员推上前台，他们为明治政府制订了新的政策并组织实施。真正的问题不在于他们出身于哪个阶级，以及他们是如何变得精明、能干、勇于实践。日本，19世纪后半叶刚刚从中世纪精神中苏醒过来，国力和现在的暹罗一样衰弱，却产生了一批精明、气质卓尔不凡的领导人，成功地推行了在其他国家都未曾尝试过的伟大事业。这些领导者的优、缺点根源于传统日本人的特性，本书的主题就是要探讨这种特性过去如何、现在又如何。在这里我们只了解一下明治的政治家是如何实施新政的。

他们根本没有把这项事业看作观念上的革新，而只是一项工作。他们施政的目标是使日本成为一个不可估量的强国。他们并不是破坏偶像者，也没有谩骂过封建阶级，剥夺他们的财产。他们用厚禄引诱封建势力，使他们最后转而支持新政府。他们最终改善了农民的境遇，其所以十年起步缓慢，原因在于明治国库空虚，而不是出于阶级立场无视农民对政府的要求。

主导明治政府的那些足智多谋、精明能干的政治家们，拒绝一切反对等级制的思想。"尊王复古"简化了等级秩序，废除了将军，把天皇推上了权力之巅。"尊王复古"之后的政治家们，取缔了领地，消除了效忠藩主和效忠国家之间的矛盾。这些改革举措没有否定等级制的一贯地位，而是给予它一个新的位置。日本那些被称为"阁下"的新的领导者，甚至进一步强化了中央集权统治以便强制推行他们个人的政策。他们恩威并施，以图推行一系列施政措施。他们代表上层阶级的利益，通过这种方式获得生存。民意不赞同他们改革阳历、建公立学校或是给予贱民以平等权利，他们却没想到去迎合民意。

施恩之一是天皇于1889年颁布的日本宪法。它给予人民在国家中的地位，并设立了议会。日本的新兴领导者挑剔地考察了西方各国的宪法，谨慎拟订了本国宪法。制订者们还"采取了一切预防措施，以防人民的干扰和舆论的侵扰"。起草宪法的政府机关是宫内省的一个局，因此神圣不可侵犯。

明治政府对于革新目标非常明确。18世纪80年代，宪法的筹划者——伊藤公爵派遣木户侯爵前往英国，就日本面临的难题征询斯宾塞，经过长时间会谈，斯宾塞写信给伊藤，讲明了自己的意见。关于等级制，斯宾塞认为日本传统规范中存在着国家问题必需的、无可比拟的基础，因而必须维护、强化。他说对长辈、上级的传统义务，尤其是对天皇的义务，是日本的大好良机。明治时期的政治家们非常满意对日本传统的这种肯定。他们有意在现代世界依然维持"各得其所"的优势，不打算削弱等级制传统。

无论在政治、宗教活动还是经济活动中，明治政治家们合理安排国家、国民之间的"各得其所"的义务。其整个安排不同于英国、美国，以致我们通常都忽视其基本要点。日本存在着自上而下强有力的统治，根本不必服从公众舆论。政府由等级制最高层发号施令，从来不考虑选举产生的民众的意见。在这种状况下，国民根本没有发言权，1940年政府上层等级体系包括了可以随时觐见天皇的重臣、临时顾问以及天皇的亲任官和敕任官。这些任命官员包括了内阁大臣、地方官员、法官、各局长官及其他高级官员。人民推选出来的官员在等级制中没有这样的地位，他们对于竞选、任命内阁大臣及金融或交通机关首脑毫无发言权。选举产生的众议院代表了民众的呼声，虽有权质询、批评高官，却无权干涉任命、决议或是预算等事宜，更无法参与制订法律。众议院甚至受到非选举产生的贵族院的监察，贵族院中一半出身贵族，另有四分之一为天皇直接任命。由于贵族院在制订法律方面和众议院权力相当，故又规定了一种等级制的控制。

　　因此日本确保"阁下"们始终身居高位，但这并不意味着日本在"各得其所"之中毫无自治。在所有的亚洲国家，无论怎样的政体，自上的权威总会向下延伸，在中间层次和自下的地方自治不期而遇。不同国家之间的差异仅在于民主责任能达到何种程度，责任大小及地方领导是向当地全体居民负责还是由地方豪强垄断而对人民不利。德川时代的日本就像中国一样，最小的单位约五至十户，后来被称作"邻组"，即居民最小的责任单位。"邻组"的负责人对组内事务有领导权，保证组员行为规范，汇报组员们的不检行为，发现被通缉的人则交给政府。明治政治家们起初取缔了这些组织，后来又予以恢复并称之为"邻组"。在城市乡镇，政府时常积极扶持这种组织，但至今几乎不起什么作用了，较为重要的是"村落"。

"村落"既未被取缔，也未作为行政单位被纳入政府体系，它们仍然是国家尚未涉足的领域。这些由15户左右构成的"村落"延续至今，在每年更换的首领带领下，井然有序地发挥着作用。村长"掌管部落财产；监督向遇丧或火灾的家庭提供经济上的援助，决定农业共耕、盖房、筑路的时间，火警负责振铃；休息日则以一定节奏敲钟击梆，以示通告"。但不同于其他亚洲国家的地方在于，部落长不负责征税，不必担此重任，他们的地位也没有什么矛盾，只在民主责任范围内起作用。

近代日本行政机构正式承认市、町、村地方行政的权力。推举出来的"长子"们，作为本地区的代表，与代表国家的地方公署或中央政府交涉处理相关事宜。乡村的首领通常是一位老者，拥有土地的农民家族中的成员。当了村长，经济上必有损失，但威望一时无二。他与其他长辈们共同负责木村的经济、公共卫生、学校维护，尤其是财产登记和个人档案。村公所是个非常繁忙的地方，它负责管理国家给小学的财政拨款，征收并管理由本村负责、数额远较国家拨款更大的教育经费及支出；土地改良、植树造林；登记财产买卖，并且只有合乎村公所手续才算合法。除此之外，村公所还必须登记居民住址、婚姻状况、子女出生、过继、犯罪前科及个人其他相关信息。这种登记显示了一个家庭所有的信息（此类信息由全国各地汇集到个人的工作单位，收入记录），不管在任何地方，此类信息都可以提供给那个人原籍所在村公所并记录在册。一个人无论何时申请就业、接受审判或因其他理由须证明其身份时，他必须给原籍市、町、村公所写信，或是亲自去取，取得一份本人材料的副本，所以人们是不会轻易冒险给自己或家庭留下不良记录的。

所以市、町、村负有相当大的责任，这是一种公众责任。即使已是十九世纪二十年代，日本产生了国家政党，在别的国家意味着"在野党"和"执政党"的权力更替，然而日本的地方行政机构在这种变化之下仍然保持这一传统，坚持由长辈负责共同体的事务。仅在三种情况下，地方行政机构不具有自治权，这就是：法官均由国家任命，警察及教师都是国家雇佣人员。因为日本大多数民事诉讼都是以仲裁或调停方式解决，所以法院在地方行政中几乎不起什么作用。相对的，警察更重要，凡有公众集会，他们必须到场，但是这类事务并不常有，他们的时间几乎都用于居民身份登记及财产记录。国家频繁调动警察就是为了使他保持局外人身份，避免与地方联系过于紧密，出现徇私的情况。学校教师也经常调动。和法国一样，日本对学校的每个环节都作了严格的规定，各所学校必须在同一时间采用同一教材、学习同一课。各校必须在早晨同一时间收听收音机，在同一广播伴奏下做同样的早操。因此市、町、村共同体对学校、警察和法院则无自主权。

日本政府机构与美国大相径庭。在美国，由选举产生出的代表执掌最高行政权和立法权，地方行政则由地方指挥下的警察和法院来执行。然而，日本政府行政又与荷兰、比利时等纯粹的欧式国家完全一致。荷兰与日本一样，实际上由女王内阁起草立法，国会从未制订过法律。荷兰女王甚至合法地任命镇长、市长，她的形式上的权力渗透到地方事务，超过了1940年前的日本。虽然，女王实际上总是认可地方提名，但是由她任命总归是事实。警局和地方法院直接对女王负责的做法也是荷兰式的。但在荷兰，任何宗派团体都可以自由办学，而日本的学校制度则几乎照搬法国。河渠开凿、围海造田、耕地、地方改革等在荷兰都归属地方自治体共同负责，而不仅仅是选举产生的市长、政府官员的责任。

日本政府行政和类似西欧国家的真正差别不在于形式而在于职能。日本人依靠古老传统，这些传统在他们旧时经历中成形，又在伦理体系和礼仪规范中得以体现、强化。国家可以信赖这一点，当他们的"阁下"们"各得其所"时，他们的特权就能得到尊重，并非由于政策认可，而是由于逾越特权界限是不被允许的。在国家最高决策层，"舆论"是没有立场的，政府需要的只是"大众的支持"。当国家的权限越过自己的范围而干涉地方事务时，其裁决也会受到尊重。对于发挥各种内政职能的国家政府，美国人感到是一种不可少的祸害，在日本人眼里，国家却近乎完美。

而且日本十分注意承认"顺应国民意愿"也是"各得其所"的必然表现。这样说一点也不为过：在合法民众权限内，即使是为了国民自身利益，日本政府也必须采用诚恳劝说人民接受的办法。比如，负责振兴农业的官员在改良旧式农耕法时，恰如美国爱达华州的同行们一样，很少使用权力来硬性推广。政府官员在鼓励建立由国家担保的农民信用社、农民供销合作社时，必须与当时有头面的人士进行长时间的会谈，并且听取他们的意见。地方事务需要地方治理。日本人的生活方式决定了适当的权力及其行使范围。这样一来，与西方文化相比，日本人对"上级"更加顺从，因此也给他们更大的行为自由，上级同样也必须严守自己的本分。日本的座右铭是：万物各归其位，各得其所。

与政治相比，在宗教领域，明治政治家们制订了更多古怪的正式政令。但无论如何他们仍是秉承着日本人固有的那条格言。国家把一种信仰置于管辖之内，并把它作为国家统一和优越性的象征，至于其他宗教则听凭个人信仰的自由。这种国家管理的宗教即日本之神道。由于神道是国家精神的象征，正如国旗之于美国，所以他们认为神道不是"宗教"。日本要求国民信仰神道，正如美国要求人们对星条旗敬礼一样，并非违背西方宗教信仰自由原则，它们都不过是忠诚的象征。因为神道"不是宗教"，日本的学校公开讲授，不必冒受到西方批评的风险。学校并设有神道课程，关于神代以来的日本历史、和对"永垂不朽的统治者"天皇的崇拜，它得到国家的支持和管理。其他宗教，诸如佛教、基督教，则首先取决于个人，甚至其他教派或祭祀神道亦如是，这一点与美国大致相同。神道和其他宗教在行政、财政上甚至分而治之；神道有其专属的政府机关——内务省神祇局，它的布道者、神官、宗教仪式、祭祀、神社都得到国家的支持；而一般的祭祀神道、佛教、基督教各派则由文部省宗教局管理，其财政支持主要来自教徒的自愿捐赠。

由于日本政府在宗教这一问题上的官方立场，我们虽不能说国家神道是庞大的"国教会"，但至少可以说它是庞大的机关。全国大大小小神社共有110，000间，且规模各异，其中有祭祀天照大神的伊势大神官，也有逢特别祭典时司祭神官才会打扫干净的地方神社。全国性的神官等级制同政府等级制并列，从最低等的神官到各郡、市和府、县的神官，直到最高层被奉为"阁下"的最高神官。与其说他们主持信众的礼拜，不如说他们为信众们准备祭祀。在国家神道中没有什么与我们熟知的宗教活动类似。国家神道由于"不是宗教"，神官被禁止传布教义，而且也不可能有西方人所理解的那种礼拜仪式。取而代之的，是在频繁的祭日里，村代表参拜神社，立于神官之前，神官用一根绑着麻绳和纸饰的棒子在他们面前晃动，驱邪避疾。神官打开内殿的门，高声呼唤诸神下凡享用祭品。他恳切地祈祷，每一位参拜者依次（依各自的身份）恭敬叩拜，献上日本圣树的小枝，这种缠绕着白纸条的树枝在新旧日本都是无处不在的。然后神官再次高声呼喊，送走诸神并关上内殿大门。在国家神道的祭日，天皇代表国民致祭，政府各部门也放假休息。但这种祭日与地方神社及佛教祭日不一样，不是民众的祭日。地方神社及佛教祭日都是国家神道之外的"自由"领域。

在这一自由领域，日本人随心所欲地信奉教派，进行祭祀活动。佛教作为一个大教派，拥有为数不少的信徒，其他教派则有其各自的教义、始祖，遍布各地而且非常活跃。甚至神道也有处于国家神道之外的其他强大教派。即使在19世纪30年代政府采取国家主义立场之前，某些教派早就是纯粹国家主义的大本营，某些是被比作基督教科学派的信仰疗法宗派，某些信奉儒教信条，某些专门从事神灵显圣和朝拜圣山神社的朝圣活动。绝大多数的民众性祭日也处于国家神道的范围之外。

祭日里群众齐聚神社。人人漱口净身，拉铃或拍手召唤神的降临，恭敬叩拜完毕之后，再次拉铃、拍手恭送神走。接着走出神社，干这一天所要干的主要事情，例如到支起货摊的小贩那儿购买小的饰物和好玩儿的东西；观看相扑比赛、驱邪仪式或是有小丑插科打诨逗乐的神乐舞，享受群乐。一位曾在日

本居住的英国人引用了威廉·布雷克的诗描述他记忆中的日本
祭日：

> 如果教堂给我们几杯啤酒
>
> 和那温暖我们灵魂的欢乐之火。
>
> 我们终将会终日唱诗祈祷，
>
> 决不会想离经叛教。

除了极少数献身宗教事务的专业人士，宗教并不严苛。日
本人也爱好外出朝圣，这是非常愉快的假期。

因此明治政治家们谨慎划分了国家在政府职能方面及国
家神道在宗教方面各自的权限范围。他们把其他领域留给了人
民，但确保自己处于新的等级制最上层，如此一来，对于他们
认为事关国家的大事，他们足以直接插手控制。在创建陆海
空军事武装力量时，他们也有类似的问题。和其他领域一样，
他们废除了旧的特权制度，而且比在老百姓中废除得更彻底。
他们甚至废除了军队中使用的敬语，尽管实际上保留了一些旧
习。军队也提倡军官军衔的晋升要建立在个人功绩的基础上，
而不看家庭背景，这在其他领域几乎难以付诸实施。军队在日
本人心目中口碑良好、声誉极高，显然当之无愧。这确实是为
新军队赢得支持的最好办法。而且排、连由同一地区的乡邻组
成，和平年代服兵役的地点离家很近。这不仅意味着与当地的
联系纽带保存下来了，而且通过兵役中为期两年的军事训练，
军官与士兵、两年兵与新兵之间的关系取代了武士与农民、富

人与穷人之间的关系。军队在很多方面充当了民主的平等主义者的角色，在很大程度上它确实是一支人民的军队。在大多数别的国家，军队就是维持国家统治现状的机器，日本的军队同情弱小的农民，因此一再代表他们与大金融家和工业家抗争。

日本政治家们并不赞成建成这样一支军队后带来的所有后果。他们在最高层次做足措施以实现这一目标，虽并没有把这些措施写入宪法，但是把军部独立于政府之外这一点作为惯例延续了下来。陆海军大臣与外务省和内务部大臣不同，可以直接面见天皇，因此得以以天皇的名义强行推行他们的措施，他们不用就此征询内阁成员们的意见。除此之外，军部还能左右任何一届内阁，通过拒绝军官入阁这种权宜之计阻挠他们不信任的内阁组建。若没有高级军官就职陆、海军大臣，内阁就无法组建，其他的平民或退役军官也都不能就任这类职位。同样地，如果军部对内阁的任一举动不满，即可召集内阁中的军部代表，迫使内阁解散。在这个决策最高层，军部首脑想方设法不受外界干预。若说还需要任何进一步的保障，《宪法》中明文规定："如果国会无法通过预算，政府可采用上年度的预算。"在对待满洲的态度上，外交部的承诺并未改变关东军入侵满洲的步伐，这只是军部首脑趁内阁意见不一决策未定之际支持战地司令官的若干实例之一。在其他领域，军部亦如是，凡事关等级特权，日本人就会接受由此产生的所有后果，这并非因为他们同意这项政策，而是他们不赞成逾越特权之间的界限。

在工业发展领域，日本选择了与西方国家截然不同的道路。当然，又是"阁下"们制订发展的方针和相关政策。他们不仅制订计划，而且也创建并动用政府资金扶持他们认为有需要的企业。这些企业由国家官僚机构来管理、组织、运行，引入大量外国技师，派遣日本人出国学习。当这些企业达到了预期中的"运营有度，生意兴隆"，政府就把它们卖给私营公司。这些企业以"低廉得荒谬"的价格逐步转让给业已选定的金融寡头集团，即以三井、三菱为代表的著名财阀。政治家们认为工业的发展关系到日本的前途，因此不能依照供求规律或自由企业的原则。但是这项政策并不符合社会主义的信条，从中获益的仅是财阀而非普通百姓。日本的成就在于以最小的失误和浪费建成了它迫切需要的企业。

日本通过这些手段修订了"资本主义生产的起点与其后诸阶段的一般顺序"。日本一开始就没有发展消费品生产和轻工业，而是着手建立关键性的重工业。军工业、造船冶炼厂和铁路建设拥有优先权，发展迅猛，很快就获得了高水平的技术效率。当然这些企业并非全部转让给私人财阀，大多数军工产业仍然由政府掌控，并接受政府的特别财政补助。

在政府予以优先权的产业领域，小商人或非官僚经营者是毫无"应有地位"的。惟有国家和享有信誉、拥有政治特权的大财阀才有资格在这个领域活动。但正如日本其他领域一样，工业界也有自由领域。这就是以最少的资本最大限度地利用廉价劳动力来经营的各种"剩余"企业。这些轻工业可以不依赖现代技术而生存，至今依然存在。这些产业通常是在我们美国习惯称之为"家庭血汗工厂"的那类企业中经营的。小本经营的制造商购入原料，将其分发给一个家庭工厂，或是雇用了四五个工人的小厂，然后收回成品，再把它们分发出去进行下一步的加工，如此几经反复，最后把产品卖给商人或出口商。19世纪30年代，日本工业人员中多达53％被雇佣，在职员不超过五个的家庭作坊或小工厂里做工。其中很多人受到古老的家长式学徒制的保护，在日本的大城市甚至有许多母亲背着孩子坐在家里从事计件工作。

在日本人的生活方式中，日本工业的这种双重性和日本政府、宗教领域的二元性同样重要。这就好比是，当日本政治家们需要一种财政特权制以迎合其他领域的等级制时，他们就创办一批战略性企业，挑选一批政治上有特权的商人家族，使他们与其他等级制相符，"各得其所"。政府并未计划与这些大财团切断联系，而财阀则受惠于长期的保护政策，他们既获得了高额利润又得到了很高的地位。从日本人历来对利润和金钱的态度看，金融贵族不可避免地会受到民众攻击以至衰落，但政府会竭尽所能按照公认的等级制观念扶植这些贵族。这种做法并没有完全成功，因此财阀遭到了军队中所谓青年军官集团乃至农村地区的攻击。但事实上，日本舆论攻击的主要对象并不是财阀而是"成金户"。"成金户"通常被翻译为暴发户，但这个词也不能准确反映日本人的心理感受。在美国，暴发户严格意义上就是"新来者"，他们通常受人嘲笑，因为他们不谙社交礼仪，还未来得及学会优雅的礼节，然而，这种缺陷被令人感动的致富抵消了，他们发迹于木屋，从骡前马后发达为身价上百万的石油大亨。反观日本，"成金"一词源自日本将棋，意指"弈子"跃身"女王"，在棋盘上像"大人物"一样横冲直撞，势不可挡，而它本来是不具备这个资格的。人们深信"成金户"通过欺诈或剥削别人致富，对他们的尖锐态度完全不同于美国人对"发迹男仆"的态度。日本在等级制内为巨富提供了一席之地并与之联盟，但若财富在这一领域之外取得的话，日本舆论马上会群起攻之。

因此，日本人按照恒定的等级制度来构建社会秩序。在家庭和私人关系中，年龄、辈份、性别及阶层决定了适当的行为。在政府、宗教、军队、工业各个领域中，谨慎地划分了等级，无论等级高低，一旦逾越其特权范围都将受到惩罚。只要"各得其所"得以维持，日本人就会毫无异议地生活下去。他们感到很安全。在最高幸福受到保护这个层面上，他们也时常感到不安。但因为他们将等级制视为合法加以接受，他们又是安全的。这就是日本人生活方式的特征，就像对平等和自由贸易原则的信赖是美国人生活方式的特征一样。

但日本向外推行它的"安全"公式时就遭到了惩罚。在日本本土，等级制符合大多数人的思想，因为这种思想是等级制的产物，等级制是一种绝不能输出的商品，其他国家极其反感日本的大言不惭，视之为狂妄甚至比狂妄更为恶劣。尽管如此，日本的官员、官兵们仍然为他们在任何一个占领国都未受到居民们的欢迎而大为震惊。难道日本没有给他们适当的位置么？尽管地位很低，总归是等级制中的一个位置。难道对地位低下的人而言，等级制不是很理想吗？日本军部连续拍摄了几部战争题材影片，讲述了绝望、惊慌失措的中国姑娘与日本士兵或日本工程师相恋，寻找到幸福的故事。电影通过类似故事来表现中国对日本的"爱"。这与纳粹的征服形式是极不相同的，从长远来看也未见其高明。日本人不能强求别的国家、民族付出他们曾强求自己付出的代价，他们的错误在于他们以为能够如此。他们没有认识到适合日本的"各得其所，各安其分"的道德体系并不能在别的国家推行，别的国家没有这种道德体系，它真正是日本本土产物。日本作家视这种道德体系为理所当然的东西，根本不加以论述。因此我们了解日本人必须从这一点入手。

第五章

历史和社会的负债者

在英语中我们通常说："历史的继承者。"两次世界大战和一次大的经济危机多少削减了过去高昂的自信心，但这种转变丝毫未增加我们对过去的负债感。东方民族的观点则与此相反。他们是历史的负债者。在他们那些被西方人称之为祖先崇拜的行为中，大部分并不是真正的崇拜，崇拜的对象也并非完全是其祖先，而是一种仪式，表示人们承认对往昔的感恩。而且，他不仅对过去感恩，就是在每天人们日常接触过程中也增加了他现在所欠的恩情债。他的日常决定和行为都源自这种恩情债，这是基本出发点。因为西方人极端轻视他们对社会所欠的恩情债，轻视社会在培养、教育、福利方面，甚至是在他们已被生育出来这件简单的事实上所给予他们的一切，所以日本人认为我们的动力不足。在日本，绝不同于在美国，有德之士不会说不欠任何人的债。他们从不否定过去。在日本，所谓"义"就是确认自己在各人相互欠债的巨大网络中所处的地位，即包括对祖先，也包括对同时代的人。

东西方之间巨大的差异从字面上而言是很容易的，但是真正弄清这种差异对生活造成的后果就很困难了。只有我们了解了这种差异在日本的具体情况，我们才能理解日本人在战争中的极端自我牺牲精神和日本人那种在我们看来毫无必要的易怒态度。负恩使人非常容易动怒，日本人的行为证实了这一点。

负恩也增加了他们的巨大责任感。

中文和日文中都有许多词汇表示"义务、恩惠"等类似含义。这些词汇不是同义词，在英语中也难以找到合适的词恰当表达其特殊含义，因为它们表达的观念对我们完全是陌生的。日语中相当于"obligation"，表示一个人所负的债务或恩情的词，从小到大，都称之为"恩"。其意义，等同于英文中的一系列词汇，从"obligation"、"loyalty"、"kindness"到"love"，但这些词都多少歪曲了该词的本意。如果"恩"真的是指"爱"又或"义务"，那么日本人也能说对子女"负恩"，但这种用法在日本是根本行不通的。"恩"也不同于"忠诚"，日语中，"忠诚"用其他的词来表示，那些词绝不是"恩"的同义词。"恩"这个词用法何其多，但有一个共通的意思，即承受的负担、债务、重负。一个人接受上级、长辈的"恩"，如果不是从长辈、上级甚至不是从同级受恩，那就会使接受者有一种不快的自卑感。当他们说，"我对某人负恩"，意味着"我对某人负有义务"，并且把这位债主、施恩者称作"恩人"。

"记恩"，也可以是一种真挚情感的真诚流露。日本小学二年级教材中有一个题为"万勿忘恩"的小故事，就是这个意思。这是少年德育课中的一个故事。

哈齐是一条聪明伶俐的小狗。它一出生就被陌生人带走，在那个人家里像他的孩子一样备受宠爱。因此，它那弱小的身躯变得强壮起来。主人每天早上上班，它总是陪送到车站，傍晚下班回家时，它又会回到车站去迎接。

不久，主人去世了。哈齐，无论它是否懂得这一点，仍然坚持每天寻找主人。它每天坚持去通常的那个车站，每当电车到站，它就会固执地注视人群中有没有它的主人。

岁月就这样日复一日、年复一年地流逝着，很快十年过去了，长大的、衰老的哈齐的身影依然每天出现在车站，人们依然可以在车站看到哈齐在固执地寻找它的主人。

这个小故事的道德涵义是：爱的别名是忠诚。儿子深切地关怀母亲，可以说是不忘母恩，也就是说他怀有像哈齐对主人那样的忠诚。"恩"不单指母亲对他的爱，而且指自孩提时母亲为他所做的一切，包括了他尚在襁褓时母亲的抚育照顾，母亲抚育他成年，为了增加他的利益而做的一切操劳，是指他仅是因为有母亲存在这样一个事实而对母亲所欠的一切人情债。意味着对所欠恩情的回报，意味着爱。但其原意是欠人人情债，而我们美国人则认为爱就是不受义务约束而自由给予的感情。

"恩"，用于指头等的和最大的恩情，亦即"皇恩"时，是在无限忠诚这个意义上使用的。这是个人对天皇所欠之债，一个人必须以无限感激的心态来接受这种恩情债。日本人觉得当个人为自己生于这个国家，得以如此生活，得到大大小小的关怀感到高兴的时候，不可能不想到这一切都是天皇的恩惠。

在整个日本历史上，对活着的人而言，一个人对其欠下恩情债的"债权人"就是他生活范围内的最高上层。不同时期这个人物有所变迁，曾经是各地的地头、封建领主以及将军，现在则是天皇。最重要的似乎还不在于谁是最高上级，而是几个世纪以来"万勿忘恩"这种习性在日本人生活中占有最重地位。近代日本用尽一切手段使这种感情集中于天皇一身。日本人对自己生活方式的所有偏爱都增强了个人对"皇恩"的感情；每一支以天皇名义分发到前线军队的香烟都强调士兵领受的"皇恩"；出征前士兵所领的每一口酒就更加是一种"皇恩"。日本人以为，神风队员的每一次自杀式攻击就是回报皇恩；为守卫太平洋某岛屿而战死则被说成是在回报浩荡"皇恩"。

人们也从身份比天皇低的人那里受恩，当然也接受了父母之恩，这也就是众所周知的父母有权支配子女的东方孝道的基础，这种孝道注定了子女对父母欠有恩情，必须努力报答。子女们任劳任怨地工作，服从父母，而不是像德国那样（德国也是个父母对子女有绝对权威的国家），父母必须竭尽全力维持自己的权威。日本人对于东方传统孝道的理解是非常现实的，他们对于父母的恩情有一句谚语，大致可以翻译为："养儿方知父母恩"。这就是说，父母之恩就是父母每天对子女实实在在的照顾和操心。日本人的祖先崇拜只限于父辈及尚存记忆中的祖辈，这就使日本人更加重视那些年幼时实际照料过自己的人。当然，无论在哪种文化中，人都有一个离不开双亲照料的无助幼年，在他成年之前都必须由父母提供衣、食、住。日本人深感美国人轻视这一点，正如一位作家所说，"在美国，牢记父母养育之恩不过就是要对父母好，仅此而已"。没有人会让孩子有"负恩"之感，但是，对孩子悉心照顾也就是回报自己年幼时曾经得到的父母之恩。人们像父母当年那样细心照顾自己的孩子，甚至照顾得比那更好，这也就部分地报答了父母之恩，对孩子的义务只不过从属于"父母之恩"。

日本人认为老师和主人负有特殊的恩。他们都在成长的道路上扶持过他，他亦因此蒙恩，这种"恩"使他必须在将来某个时候当他的老师、主人陷入困境、需要援助时给予某种帮助，或者在他们死后，对其亲属给予特别关照，人们必须不遗余力地履行这种义务。受人之恩，是件大事，就像日本人所说的，"万难报恩于万一"。"恩"是重负，通常意义上，"恩的力量"远超过受恩者个人的意愿。

上述报恩伦理观的顺利推行，在于每个人都能把自己视为巨大的负恩者，而且能毫无怨言地履行报恩义务。我们已经了解到等级制是怎样彻底组织起来的。伴随着等级制而来的种种习惯被忠实地遵循着，这些习惯使日本人对其道德债务的尊重能够达到西方人难以想象的程度。如果把上级视作善人是很容易做到的。日语中的"爱"，相当于"love"，上世纪的传教士们认为日语假名中唯一能代替"love"概念的就是这个"爱"字。传教士们在翻译《圣经》时，用"爱"表达上帝对人类的爱及人类对上帝的爱。但"爱"在日语中尤指上级、长辈对下属、晚辈的爱，西方人也许会认为这种"爱"意味着"庇护"，但日语涵义非仅止于此，"爱"是一种亲爱之情。在现代日本，"爱"在严格意义上，仍用于上级、长辈对下级、晚辈，但也许由于基督教用法的影响，更由于官方努力打破等级界限，"爱"现在也用于同级、同辈之间。

尽管文化上存在着的很多特殊性使日本人易于接受报恩思想，但在日本，毫无负担地受恩仍是件幸运的事情。人们并不喜欢随便背负"恩"所带来的人情债。他们常常谈及使人"受恩"，译成英语，最接近的词句是"imposing upon another"，在美国"imposing"含有强人所难的意思，但在日本"使人受恩"则表示给人某物或是帮他的忙。受到生疏的人所施与的恩是日本人最讨厌的事情，因为他们在与近邻和旧等级关系打交道中，懂得并接受了"恩"的复杂含义（"恩"及"恩"带来的麻烦）。一旦施恩者仅是相识的人或是同等地位的人，他们就会感觉很不舒服，此种情况下他们宁可避免这种"恩"所带来的全部后果。在日本大街上若有事故发生，街头人们大都袖手旁观，这并非是他们缺乏主动性，而是他们认为任何非官方的干预都将使接受者"负恩"。明治前著名法例之一就是："发生吵架争论时，不可无端插手。"在那种情况下，一个没有明确授权的人若伸手帮人，就会被怀疑居心叵测，妄图从中渔利。既然大家都知道帮助别人会使当事人"负恩"，人们就都不便于积极插手，反而慎重对待。尤其是在对待卷入"恩情"的这一事情上更是慎之又慎。即使是一根香烟，如果与递烟人素无瓜葛，日本人都会感到不舒服，他们表达谢意的礼貌说法是："真过意不去。"（日语是"気の毒"，原意是为难的感情、难受之情）。一个日本人向我解释，"在这样的情况下，不如你直截了当地说出来，使对方明白你的为难之处。你从未考虑过要为他做点什么，因此对受恩感到羞耻"。"気の毒"这句话有时译作"Thank you"，有时又可译作"I'm sorry"，或者译作"I fee like a heel"。这些意思其实都有，但又都不贴切。

日本人受"恩"之时有很多类似"Thank you"的说法，表达彼时的不安心情。其中含义最清楚并被现代都市大百货公司采用的是"ありがとう"，其原意是"这可太不容易了"（Oh, this difficult thing），日本人通常说"太难得了"，意为顾客给购物的商家带来了巨大而难得的利益，是一种恭维之辞，人们收到礼物或在许多其他场合也都会说这句话。另有几种表示"Thank you"的日常用语，像"気の毒"（真过意不去）一样，表示受恩时的为难心态。自己经营商店的店主最常说的一句话就是"すみません"，这个词的本意是"这可怎么得了"？即"我受了您的恩，然而在现代经济条件下我很难回报，处于这种境地我很尴尬"。"すみません"在英语中可译为"Thank you"、"I'm sorry"、"I'm grateful"、"I apologize"。例如在大街上，有人拾起你被风吹走的帽子，这种场合下使用这句话最为合适。他把帽子还给你，礼节上你需要适当表现你内心的不安。"这个陌生人施恩于我，我从未有机会有所回报，对此我深感惶恐，惟有道歉我才略有安慰。すみません"（这如何得了）也许在日本是表示感谢最常用的。

我承认我受恩于他，但是接过帽子并不能结束此恩，然而我又能怎么样呢？我们不过是陌生人"。

从日本人的观点看来，日语中还有一个更强烈的表达"负恩"的微妙心情的词，即"かたじけない"（诚惶诚恐），用汉字写作"辱ない""忝ない"，兼有"受辱"与"感激"之意。日语辞典中对该词的解释为：你蒙受主人之恩，你却深感羞愧、耻辱，因为你不配接受如此之恩。你用这个词明确表达受恩时的羞愧之情，这种羞愧（耻），我们下一章即将看到，日本人对此极为敏感。日本旧式店员在向顾客道谢时，仍然会说"かたじけない"，而顾客买东西要求赊账时也说"かたじけない"。在宫廷中，阶级地位低的漂亮女孩一旦被领主选中做妾，会对领主说"かたじけない"，意为"我十分羞愧，没有资格受此恩宠，对您的恩德我受宠若惊"。同样，决斗的武士被当局赦免无罪同样会说"かたじけない"，表示"我受此大恩，无脸见人。不该使自己陷入如此境地，万分后悔，向您表示衷心的谢意"。

上述说法雄辩地说明了"恩的力量"，比其他任何概括都好。人们在受恩时通常怀着矛盾心情。在公认的社会人际关系中，巨大的恩情推动人们全力以赴，回报他所受的全部恩情。但是受恩很难受，因而也很容易产生负面情绪。日本的知名作家夏目漱石在其著作《哥儿》中形象地描述了这种反感情绪。小说的主人公，哥儿，在东京长大，起初在一个小镇上教书，他很快发现自己的同事尽是些平庸之辈，根本合不来。但其中有位年轻教师哥儿感觉还不错，和他交上了朋友。一天，他俩一起出去，那位他戏称为"豪猪"的新朋友请他喝了一杯冰水，为他花了一钱五厘，约相当于零点二美元。

不久之后，哥儿的另一位同事告诉哥儿"豪猪"在背后指责他。哥儿相信了搬弄是非者的话，但又记得"豪猪"予他的"恩"。

虽然只是一杯冰水的恩情，但接受这种家伙的恩，实在是有辱我的人格。一钱也罢，五厘也罢，受这种恩我死了也于心不安。……默不作声接受别人的恩，本来是一片好心，表明我尊重他。我没有坚持付钱，而是领受了他的"恩"，内心深为感谢，这是用钱无法衡量的。我无权无势，但我有独立的人格，让一个独立的人受恩远甚于让他用一百万元还礼。我让"豪猪"破费了一分五厘，我对他的敬意却超过一百万元钱。

第二天，哥儿把一钱五厘丢在"豪猪"桌上，因为他只有清算这杯冰水的恩情，他才能清算目前两人之间的问题：即"豪猪"在背后指责他的问题。两人也许会打架，但必须先把

"恩"抹去，因为在这两人之间"恩"就不复存在了。

对于这些小事如此敏感，易受伤害，在美国只有在染上不良习气的青少年的犯罪记录和精神病患者的病历中才能找到，但这却是日本人的美德。日本人也认为并非大多日本人会像哥儿那样极端。日本评论家谈及"哥儿"时，认为他是"一个脾气暴躁，纯洁如水晶，为正义而战的斗士"。作者本人也承认自己和"哥儿"极其相似，而评论家则公认"哥儿"就是漱石的化身。这本小说讲述了一个有关美德的故事，因为受恩之人把自己的感谢看成具有"百万元"的价值，只有如此行动，才能使他摆脱"负恩人"的境地。"哥儿"在愤怒中，把他所受"豪猪"之恩和他多年前所受的老奶奶之恩相比较。老奶奶觉得"哥儿"不受家人重视，十分偏爱他，经常偷偷塞给他糖果、彩色铅笔等小礼物，有一次还给了他三元钱。"她对我的关怀始终如一，使我非常内疚"。尽管他在接受三元钱时感到不安，心生重负，但这么多年来他也从未归还。同样是受恩，之所以产生不同心态，主因在于对象不同，他很清楚那是因为"我把她当作自己的一部分了"。这一想法有助于我们了解日本人对"恩"的反应。他们无论心怀多么复杂的心情，只要"恩人"实际上是自己，或在"我的"等级组织中占有某个地位，或者他人所做的自己也能做到，例如捡起被风吹落的帽子，又或是自己尊敬的人，那就能够心安理得。一旦这些条件都不具备，"恩"就会成为难耐的痛苦。此种"恩情债"，无论多么微薄，心存不快才是一种美德。

每个日本人都知道不论何种情况，如果恩情过重，个人都会陷入困境。最近一份杂志的"咨询专栏"就有一个很好的例子。《东京精神分析杂志》开办了这个专栏，类似于美国杂志上的"失恋者信箱"。下面这则答询，毫无弗洛伊德色彩，纯粹是日本式的。有位上了年纪的男子写信征询意见：

我有三个儿子，一个女儿。我的妻子16年前去世了。因为觉得有愧于孩子，我没有续弦，孩子们也把我的这种行为视为美德。现在我的孩子们都已结婚成家。八年前我的儿子结婚，我搬到了离家二三条街的房子里。有点难以启齿的是，三年来我和一个暗娼同居。她讲述了她的境况，我甚为同情，因此花了一笔钱，替她赎身，带她回家，教她礼法，安顿在我家中做女佣。这姑娘责任感强，勤俭节约。然而我的儿子、儿媳、女儿、女婿却因此轻视我，和我形同陌路。我并不责备他们，这都是我的错。

那姑娘的父母似乎并不清楚状况，因为他们写信给我说她已是待嫁之年，希望让她回家。我拜会了她的父母并说明情况。他们非常贫困但非贪财之徒。他们同意女儿留下，只当她死了。她本人也愿意陪伴在我身旁直到我死去。但我们的年龄相差悬殊，犹如父女，因此我也曾经考虑送她回家。我的子女则认为她是贪图我的财产。

我顽疾缠身多年，时日无多，恐怕只有一两年的寿命了。

我希望您能给我指条明路。最后要说明一点，那个姑娘虽然一度沦落风尘，那完全是环境所迫。她本性纯良，她的父母也不是贪财之人。

日本医生认为这是父母把对子女的"恩"看得过重的极好例子，他说：

你说的只是一件日常小事……首先，我要说的是，从来信看，你希望从我这里得到你想要的答案，这使我多少有些不快。当然我同情你多年的独居生活，但是你想利用这一点使你的子女负"恩"，同时也使你目前的行为合理化，我很反感这一点。我并非说你是个狡诈的人，只想指出你意志薄弱。如果你控制不了你自己，那么最好向你的子女解释你必须和一个女人共同生活，而不要让你的子女有"负恩感"（因你长期的独居生活）。而你却过分强调"恩"，子女们自然会反感你。毕竟人类无法割舍情欲，你也不外如是。但人应该努力战胜这种欲望，你的子女希望你能做到这一点，因为他们希望你活得像他们想象中的理想父亲。与之相反，他们被背弃了，我完全能够理解他们的心情，虽然他们是自私的。他们结婚了，在性欲上得到了满足，却拒绝父亲的这种要求。你和子女的想法南辕北辙，思想无法沟通。

你说那个姑娘和她的父母都是善良的人，那只是你所认为的。人们都知道人的善恶取决于环境和境遇，不能因为他们此时尚未牟利就认定他们是"善良的人"。我个人以为做父母的决不会愚昧地把女儿托付给一个行将就木的老人。如果他们打算嫁女为妾，他们一定是希望从中获益。你以为不是这样，不过是你的幻想。

你的子女担心那姑娘的父母觊觎你的财产，我毫不以为奇怪，事实上我也是这样认为的。那姑娘年轻，兴许没有这个念头，但她的父母一定有。

你现在有两种选择：

（1）做个"完人"（毫无私欲而无所不能），断绝和那个姑娘的一切联系，安置好她。但我估计你做不到，你的感情不允许。

（2）"重新做回凡人"（放弃矫情），打破你子女头脑中的理想形象。

至于财产，尽快立遗嘱，安排好姑娘和子女各自应得的份额。

最后，切记自己已是暮年之人，从你的笔迹可以看出你已日益孩子气。你的想法中感性战胜了理性，你说你是想把这位姑娘从深渊中拯救出来，实际上是让她做母亲的替代品。孩子没有母亲无法存活，因此我建议你选择第二条路。

这封信讲述了关于"恩"的一些道理。一个人一旦选择了哪怕是让自己的子女背负"重恩"，若想改变就得自冒风险。他应该明白他将为此付出代价。除此之外，无论他为子女施恩做出了多么大的牺牲，他也不能以此居功，利用它"使其目前行为合理化"是错误的，必然招致子女们的反感，因为他们的父亲有始无终，"辜负"了他们。父亲仅仅因为在子女需要时奉献了一切就要求成年子女的特殊照顾，这种想法是愚蠢的。相反子女会因意识到所受的恩而"自然地反感你"。

美国人就不会以此种眼光对该事做出如此判断。我们通常认为，为失去母亲的孩子们奉献自己的父亲，在晚年应该得到孩子们贴心的照顾，而非"自然的反感"。为了像日本人那样看待此事，我们可以把它作为一种经济上的往来，因为在这方面我们也持类似的态度。如果父亲以极其正式的方式借钱给子女并要求他们偿还利息，我们完全可能说孩子"自然地反感父亲"。在这个层面上，我们就能理解为什么日本人在接烟后说"shame"，而不是直接说句"thank you"。我们也就能够懂得日本人谈到某人施恩于人，会夹杂着反感情绪。至少我们可以重新认识"哥儿"为何对一杯冰水之恩如此耿耿于怀。美国人并不习惯依据经济原则去衡量日常行为，例如冷饮店的一次偶然请客，父亲对失去母亲的子女常年奉献又或是哈齐的那种忠诚。日本人则不然。我们推崇的爱、善良、慷慨仁慈，越是无条件越可贵，但在日本则必然附有条件，接受了这类行为就成为负恩者。恰如日本谚语所说，"天赋宽厚，始敢受恩"。

第六章

报恩之万一

"恩"是一种债，必须偿还，但在日本，所有的"报恩"行为都不同于"受恩"，而被认为完全属于另外一个范畴。日本人认为我们的道德观是荒谬的，因为在我们的伦理学体系和诸如obligation、duty这类中性词中混淆了这两种范畴，犹如我们对某些部落语言在金钱交易中不区分"借方"、"贷方"感到奇怪一样。对日本人而言，称之为"恩"的那种极为重要且永久长存的"受恩"，与积极、刻不容缓的"报恩"完全是两个概念，后者是用一系列其他概念来表述的。"受恩"于人不是美德，"报恩"才是。美德始于积极献身"报恩"。

　　如果我们经常把"报恩"与美国的财务交易做比较，并且看到其背后对拖欠行为的制裁，就能有助于我们了解日本人的这种美德。个人必须履行合约，当他拿走了不属于他的东西，我们不会因客观原因而为其开脱。我们不能允许由一时的冲动来决定是否偿还银行的贷款。而且债务人不仅要还本金，还必须偿还利息。爱国主义、对家庭的爱与这些都是大不相同的。对我们而言，爱是一种心的付出，惟有自由给予的爱才是最高尚的。爱国主义意味着国家利益高于一切，这无疑只是堂吉诃德式的理想，与易犯错的人类本性并不相容，除非美国遭受敌国的武装力量攻击。我们美国人缺乏日本人那种基本前提——人一出生就蒙受重恩，在我们的观念中，人应该怜悯、帮助贫穷的双亲，不殴打自己的妻子，必须抚养子女。但所有一切都不应该以金钱债务的形式用良心来衡量，也不能像商业中的成功那样获得回报。在日本，这一切正如美国的财务偿还，其背后的约束力也类似于美国清还债务和偿还抵押贷款利息的约束力。它们也并不是只有当紧急关头（如宣战、父母病危）才须关注的事情，而是时刻笼罩的阴影，就像纽约的农民担忧抵押贷款、华尔街的金融家卖空后眼见行情上涨就忧心不已。

日本人把"报恩"分为各种具有不同规范的不同范畴：一种是数量及持续时间上都是无限的，一种是数量相当，须在特定期限内还清的。"无限报恩"，日本人称之为"义务"，即他们所说的"难报恩于万一"。一个人的"义务"又可分为两种不同类型：对父母之"恩"的报答为"孝"，对天皇之"恩"的报答为"忠"。这两种"义务"都是必须履行的，是所有人生而有之的。事实上日本的小学教育称之为"义务教育"，因为没有任何其他言语能如此恰当地表达"必修"的意思。人生中的偶发事件可能会改变"义务"的某些细节，但是"义务"自动压在所有人的肩上，并超脱一切偶发事件。

日本人的义务及相应义务一览表

一、恩：被动承受的义务。

一个人"受恩"或"背恩"，都是从被动接受的观点来看义务。

皇恩——天皇之恩

亲恩——父亲之恩

主恩——领主(主人)之恩

师恩——老师之恩

一生中与各类人接触所受之恩

注：使自己"受恩"之人都是自己的"恩人"。

二、"恩"的相应义务：偿还"恩情"，向"恩人"回报这些"义务"。这些都是从主动回报的角度看义务。

A．义务。无论如何回报这些义务都只是片面的，而且没有时间限制。

忠——对天皇、法律、日本国家的义务

孝——对父辈、祖先（包括子孙）的义务

任务——对工作的义务

B．情义。必须以与"恩"等量的方式回报这些"恩情债"，而且有时间限制。

1．对社会的情义

对主君的义务

对近亲的义务

对他人的义务　受恩于他人，如金钱、好意、劳力上的帮助（协作劳动）等。

对非近亲（如伯父、伯母、表兄妹、堂兄妹）的义务，不是指从这些人身上受恩，而是因为出自同一祖先。

2．对名誉的情义

这相当于德语的"名誉"（die Ehre）。

受到侮辱或遭受失败，有"洗刷"污名的义务，即报复、报仇的义务（这种行为不被视作侵犯）。

不承认失败（专业上的）或无知的义务。遵守日本人礼节的义务，亦即遵守一切礼节，过与自己的地位相称的生活，在不如意时克制情感流露。

上述两种"义务"都是无条件的。如此一来，日本人就使这些道德成为绝对性的东西，从而与中国那种对国家的义务和孝道概念区别开。17世纪以来，日本一再从中国伦理体系中吸取营养，"忠"、"孝"都是汉语，但中国人没有把这些道德看作是无条件的。在中国，忠孝是有条件的，其上还有更高的道德，那就是"仁"，英语中译为"benevolence"，但是它几乎概括了西方所指良好人际关系的一切。父母必须具备"仁"。如果统治者不具备"仁"，他的子民就有权揭竿而起反对他的统治。个人的效忠是以"仁"为前提的。皇帝的地位永固，取决于他施行"仁"政，文武百官也是如此。中国的伦理道德体系把"仁"作为一切人际关系的基石。

日本却从未接受中国伦理学的这一前提。知名日本学者朝河贯一在谈及中世纪两国间的这种巨大差异时说，"在日本，这些观念显然与天皇体制不相容，因此即使是作为学术理论，也从未被全盘接受过"。事实上，在日本，"仁"成为了伦理体系之外的美德，完全被剥夺了它在中国伦理体系中具有的崇高地位。在日本，"仁"发音为"jin"（但在写法上仍沿用中国汉字"仁"）。"行仁"或"行仁义"，即使身居高位也不必具备这一美德。由于"仁"彻底地被排除在伦理道德体系之外，致使它仅具有"游离于法律范围以外之事"的涵义。例如，以个人名义向公共慈善机构捐款，同情犯人等。固然是值得称道的美德，但它也确是份外之事，意味着你并非非做不可。

"行仁义"，也在"法律范围之外"的另一层意义上使用，即流氓无赖间的"道德"。德川时代，在以杀人越货为生的盗匪中，"行仁义"即意味着荣誉。与佩带双刀的威武武士不一样，他们只佩单刀，当其中某人触犯法规，寻求陌生他者帮助时，他者为了避免其同伙日后报复，便把他藏起来，这就是"行仁义"。现代用法中"行仁义"地位则更为低下，常用于不义及应受惩罚的不良行为。日本报纸上刊登"下等工人仍旧'行仁义'，他们必须受到严惩"。警察应对此严厉管治，禁止那些至今仍盛行于黑暗角落里的"仁义"。毫无疑问，"行仁义"这里指的是流氓、黑社会盛行的"盗匪的荣誉"。尤其是现代日本的那些小规模工头，他们像世纪之交美国码头上的意大利籍工头一样，与不熟练的工人签订非法契约，牟取暴利，这些在日本也被称为"行仁义"。中国"仁"的概念在此被贬低得无以复加。日本人完全重新解释并在事实上贬低了中国道德体系中最重要的美德，而且没有任何其他可以取代

"仁"、制约"义务"的美德。"孝"道在日本成为必须履行的一种义务，这意味着要容忍父母的恶行和不义。孝行只有在与对天皇的义务发生冲突时才有可能被废除，此外即使父母人品卑劣，甚至破坏子女的幸福，孝行还是不能被违背的。

在日本人的一部现代电影中，有位母亲经营着一家颇不错的餐馆，手头宽裕。他的儿子是乡村教师，已经成家。这位教师得知有位姑娘因家庭遭遇饥荒，将被卖入娼门，他为了挽救自己的学生，向村民筹了一笔款子替她赎身。他的母亲发现了这件事，从儿子那儿偷走了这笔钱。他的儿子知道她拿走了这笔钱，却不得不独自承担指责。他的妻子发现了真相，留下一封遗书，背负了所有的责任，然后就怀抱婴儿投河自尽。事情宣扬出来以后，母亲在这一悲剧中应负的责任却无人过问。儿子在尽孝道以后，只身前往北海道磨练自己的品格，以求日后能更加坚强，经受起类似考验。这个儿子是个品德高尚的道德英雄。我个人认为该为整个悲剧负责的显然是那个偷钱的母亲，但我的那位日本友人却强烈反对我这种美国式的判断，他说"孝"经常会与其他道德发生冲突，如果电影中的主人公够聪明，他就能找到一条无损自尊心的调和办法。但他如果为此谴责母亲，即使是心里的，他的自尊心也不可能不受损伤。

青年男子成婚后就背负了沉重的孝道义务，这样的例子在小说和真实生活中比比皆是。除了个别"摩登"家庭，一般的体面家庭都要由父母通过媒人为儿子挑妻子。关心挑选结果的并非儿子，而是他的家庭，其原因不仅在于牵涉金钱，主要是因为那儿媳的名字将被载入家谱，生儿育女，为家族开枝散叶。惯例上是由媒人安排一次貌似不经意的相遇，让两位年轻人在各自父母的陪同下见面，但双方并不交谈。有时父母也会选择给儿子安排一门利益婚姻，女方从中获得钱财，男方则借此和名门联姻。有时父母也会因女方的人品而看中她。孝子要报答父母之恩，因而不能质疑父母的决定，他结婚以后也必须继续报恩。尤其当他是继承家业的长子，他得和父母一起生活。众所周知，婆婆总是不喜欢媳妇，她总是要挑剔儿媳，即使儿子和媳妇相敬如宾，渴望同妻子一起生活，她也可以赶走媳妇，解除他们的婚姻关系。日本的小说和自传中，不仅描写妻子的痛苦，也喜欢强调丈夫的苦难。当然丈夫是出于遵守孝道，而顺从母亲解除婚约的。

有位"摩登"日本妇女，现住在美国。她在东京时曾在家中收留了一位怀有身孕的年轻妻子，这位孕妇的婆婆强迫她离开难过的年轻丈夫。当时她身患重病，伤心欲绝，但却并未为此谴责丈夫，她逐渐把所有的心思倾注到即将出生的婴儿身上。然而婴儿刚一出生，婆婆就带着沉默恭顺的儿子来索要孩子。孩子当然是属于夫家的，婆婆把孩子带走后，随即送进别家寄养。

上述一切都属于孝道的范围，是子女应对父母偿还的"恩情债"。在美国，这些却都被认为是个人正当幸福遭受外来干扰的例子。日本人不能把这种干涉视为"外来的"，因为日本把"恩情债"放在生活的首要地位。这些故事在日本，就像美国故事中描述诚实的人，不论经受怎样无法置信的苦难都会还清负债一样，就是为了歌颂道德高尚的人，他们通过自身的努力赢得了自尊，并证明其意志坚强足以忍受人生中的磨难。然而这种磨难，无论如何崇高，很自然地都会留下憎恨的阴影。值得注意的是亚洲地区关于"可憎物"的代名词。例如，在缅甸是"火灾、洪水、盗贼、官吏和恶人"；在日本则为"地震、打雷、老头（家长、父亲）"。

和中国"孝"的范围并不一样，日本的"孝"既不包括几个世纪以来的祖先，也不包括其繁衍下来的庞大支系。日本的祖先崇拜仅限于近祖。墓碑必须年年重写以确保其身份，当现存后代不再记得某位祖先时，他的墓碑也就无人问津了，家里的神龛也就不再供奉他们的牌位。许多作家论述到日本人缺乏抽象思维和构建非现实形象的兴趣。与中国对比，日本人的孝道观恰好印证了这种论点。这种观念最大、最重要的现实意义就在于，"孝道义务"只限于活着的人。

无论在日本，还是中国，"孝道"不仅是对父母和祖先的尊敬与服从。所有对子女的照顾，西方人认为皆源自母亲的本能和父亲的责任感；东方人则认为是出自对祖先的孝顺。日本人对此极为明确：一个人回报祖先恩情的最好方式是把自己受到的照顾转移给子女。日语中没有表达"父亲对子女的义务"

的假名，所有这类义务都包括在对父母和祖父母的孝道之内。

"孝道"意味着下列所有义务：家长必须抚养子女，让儿子、弟弟接受教育，管理财产，给需要帮助的亲戚提供帮助及其他上千的类似日常义务。日本制度化家庭的种种规范严格限定了尽这种义务的对象的人数。儿子死后，抚养他的遗孀和子女就是一种义务，女儿如果发生类似情况也是如此。但如果是丧偶的外甥侄女的收养与否，就不在"义务"之列了。

即使是对贫穷的直系晚辈亲属的援助，孝道也不需要怀有敬意和慈爱之心。家庭中的寡妇被称为"冷饭亲戚"，意指天气寒冷之际他们吃冷饭，他们必须听从家庭中每位成员的支使，而且必须恭顺地接受有关他们自己事情的任何决定。他们及其子女都是穷亲戚，在特殊情况下，他们也会受到较好的待遇，但这并不是因为该家庭的大家长有义务善待他们。兄弟之间应尽的义务也不要求他们必须热情地履行义务。尽管他们彼此承认互相憎恨，但兄长只要愉快地履行对弟弟的义务，就会为此受到赞扬。

婆媳间总是势如水火。媳妇是以外人的身份进入这个家庭的，她的责任就是了解婆婆的喜好，然后依此行事。通常情况下，婆婆都会明确宣称儿媳配不上自己的儿子，换个角度我们可想而知婆婆相当嫉妒儿媳。但是，正像日本谚语所说的那样，"可恶的儿媳仍然生出可爱的孙子"，因此"孝"在婆媳间也是存在的。年轻的儿媳表面上无限温顺，但是随着岁月流逝，这些温顺的儿媳也会变成苛刻的婆婆，百般挑剔自己儿媳的不是。她们做儿媳的时候忍气吞声，并不反抗，但她们并不会因此就成为真正温顺的人。到了晚年，她们仿佛要把日积月累的怨气一股脑地发泄到自己儿媳的身上。今天，日本的姑娘公开谈论最好嫁给一个不是嗣子的男子，这样她们就不必与专制跋扈的婆婆一起生活了。

"尽孝"不意味着在家庭中就能得到慈爱。在一些文化中，"慈爱"是大家庭道德规范的基石，日本则不然。正如一位日本作家指出的那样，"只因日本人高度尊重家庭，故而不太重视家庭中每位成员及成员相互间的家族纽带"。当然并不一定完全如此，但大致就是这样。重点在于义务、报恩及长辈自觉承担更多的责任，责任之一就是监督晚辈，让他们做出必要的牺牲。即使他们不情愿，还是得服从长辈的决定，否则就是没有履行"义务"。

日本孝道中的另一显著特点是家族成员间存在的露骨的怨恨，这一现象在其他与"孝道"等同的义务中是不存在的：即对天皇的"忠"。日本政治家们精心策划，把天皇奉为"神圣领袖"，使他与喧嚣的世俗生活隔离。惟其如此，才能团结全国人民，同心同德为国家效力。把天皇树立为国民之父是不够的，因为父亲在家庭中尽管可以要求子女尽一切义务，但他可能是一个"不受尊重之人"。天皇必须是一个摒弃了所有世俗杂念的"圣父"。国民对天皇的"忠诚"是最高的美德，它必须成为一种对幻想中的与世隔绝、一尘不染的"善良之父"的仰慕膜拜。早期明治政治家在考察西方各国后写道：统治者与人民之间的矛盾冲突推进了国家的历史进程，但这并不符合日本精神。他们回国后在宪法中写进了这样的话："天皇神圣不可亵渎"，不必为国务大臣的任何行为负责。天皇是日本统一的最高象征，而非负责的国家元首。七百年来，天皇从未作为实际的行政首脑发挥作用，所以继续充当永久性的幕后角色是简单易行的。明治政治家只需要在全体国民的心目中植入对天皇"尽忠"这一无条件的最高美德。在日本封建社会，"忠"是对世俗首领——将军应尽的义务，那段漫长的历史警示明治政治家，在新体制下，为了达成他们的目标，他们必须做些什么。在以往几个世纪，尽管将军是大元帅、最高行政官，人人必须尽忠于他，但是反抗将军统治乃至谋杀他的阴谋却屡见不鲜。对将军尽忠经常与对封建领主尽忠发生冲突，而且对领主的忠往往要比对将军的忠更具强制性。毕竟对封建领主的忠诚建立在面对面的联系上，对将军的忠相形之下显得更为淡漠。在动乱时期，家臣也会趁势发难，逼迫将军退位，然后在自己的地盘上拥立自己的领主取而代之。明治维新的先驱及领导者高呼"忠于天皇"的口号，为了反对德川幕府奋斗了一个世纪，而天皇则深居深宫，每个人都依照自己的意愿塑造天皇。明治维新是"尊王派"的胜利，正是由于从忠于将军转为忠于天皇，1868年的事件才称得上是"复古"。天皇继续隐居幕后，他赋予"阁下们"以权威，而不亲自掌管政府、军队，也不亲自决定政策。仍然由同一类的顾问们打点政务，不过他们是经过更好的挑选的。真正的根本性变动在精神领域，因为"忠"成为了向每个人必须面对的"神圣首领"——最高祭司和日本统一、永存的象征——天皇报恩。

"忠"的对象之所以能轻易转移到天皇身上，当然得益于传统的民间传说，即皇室是"天照大神"的后裔，但这一传说中的神学因素并不是西方人想象中的那么重要。当然，即使是拒绝这些神学观点的知识分子也不会因此质疑对天皇的忠诚，甚至是那些接受神裔论的一般民众，其理解也不是西方人所设想的那样。"神"（カミ），英语中译为"God"，其意义是"头儿"，即等级制之巅。日本人并不像西方人那样在人、神之间设置巨大鸿沟，每个日本人死后都变成神。封建时期"忠"的对象是没有神性色彩的等级制首领。在"忠"的对象转移过程中，更为重要的是整个日本历史上，只有一个皇室，万世一系，继承皇位。如果西方人因其皇位继承规则与英国、德国不一致，就认为这种一贯性是欺人之谈，那是徒劳无益的。日本的规则就是日本的规则，根据这一规则，皇位继承就是"万世一系"的。中国历史上经历了36个朝代，日本则没有。她是这样的一个国家——虽然经历了各种变迁，却从未破坏其社会结构，其社会模式是永不更替的。明治维新前的一百年间，德川势力利用的正是"万世一系"这一观点，而不是天皇神裔论。他们说，既然"忠"应当献给天皇，那么就只能献给天皇。他们把天皇树立为国民的最高主祭者，这一角色并不必然意味着神性。"万世一系"说比神裔说更加重要。

近代日本作了种种努力，使"忠"个人化，并且特指天皇本人。明治维新后的首位天皇，是一位杰出、有成就的君主，在他统治期间，轻而易举地成为了臣民敬慕的人格化象征。他极少公开露面，仅有的几次都非常隆重，享尽崇拜。国民向他顶礼膜拜之际，无人私语，更无人胆敢抬头正视。二楼以上的窗户全部关闭，以防任何人从高处俯窥天皇。天皇同其高级顾问的相处也是等级制的。不能说天皇召见执政者，只有极少数具有特权的"阁下"们"奉诏觐见"。天皇从不就存在政治纷争的问题颁布诏书，他所下的诏都是关于道德、节俭或是某个问题解决后安抚民心。他即将驾崩之时，整个日本成了一所大寺院，所有的人都虔诚地为他祈祷。

经由这些方式，天皇成为了超越国内一切纠纷的象征。就像美国人对星条旗的忠诚超过一切政党政治一样，天皇是"神圣不可亵渎的"。我们以一定的仪式来对待我们的国旗，我们认为用这种程度的仪式来对待任何人都是完全不妥的。然而日本人充分利用其最高象征的价值。人民敬爱天皇，天皇也会做出反应。天皇"关怀国民"，国民们感动得欣喜若狂，他们甘愿献出生命"以慰君心"。在像日本文化这种完全建立在人际关系基础之上的文化中，天皇作为忠诚的象征，其意义远远超过国旗。如果教师在受训期间把人的最高义务说成是热爱祖国，那么他们是不合格的，必须改口说是对天皇报恩。

"忠"在臣民与天皇之间构成了双重体系。一方面，臣民向上直接对天皇，其间没有中介，他们自己用行动来使"陛下安心"；另一方面，天皇的敕令，又是经过天皇与大臣之间的各种中介者之手，层层传到他们耳朵的。"他代表天皇宣旨"，仅此一句，足以唤起臣民的"忠"，而且可能比国家任何其他的号召更具强制力。罗里曾经描述过这样一件事，在一次和平时期的军事演示中，一位军官带队出发时下令未经他许可不能喝壶中的水。日本军队训练非常强调在极端恶劣的环境中，持续行军五六十英里。那一天，由于口渴和体力透支，有二十多人倒下，死亡五人。检查他们的水壶，滴水未动。"军官下达了命令，他是代表天皇下旨的"。

在民政管理中，"忠"强制一切，从丧葬到纳税。税吏、警察、地方征税官都只是臣民尽"忠"的中介。日本人的观点是：遵纪守法就是对他们的最高恩情——"皇恩"的回报。这与美国的习惯形成鲜明对比。对美国人而言，任何新的律法，从有关汽车尾灯的规定到所得税，都会引起全国反感，他们认为这是对个人事务中人身自由的干涉。联邦法律更是受到双重质疑，因为它干扰了各州的立法自由，被认为是华盛顿官僚强加于国民的，而且对这些法律无论怎样反对，都无法满足国民们的自尊心。日本人由此断定美国人无法无天，美国人则说日本人是缺乏民主的顺民。两国国民的自尊心与不同的态度联系在一起，这种说法也许更加实际。在美国，自尊心与处理自己的事情联系在一起，在日本，自尊心则取决于对施恩者报恩。这两种习惯各有其不便之处。我们的难处是：即使是对全国有利的法规，也很难被接受；日本人的则在于：无论如何，人都很难报恩到如此地步，即把自己的一生都置于报恩的阴影之下。每个日本人可能都会在一定程度上找到既不触犯法律又能回避苛求的方法。他们推崇某种暴力，直接行动和私人报复，这些都是美国人不赞成的。然而尽管存在这些限制性因素，以及其他可能存在的限制性因素，"忠"对日本人的约束力都是毋庸置疑的。

1945年8月14日日本投降时，世界亲眼目睹了"忠"的不可思议之威力。许多对日本有一定了解或体验的西方人认为日本不可能投降。他们坚称：幻想在亚洲战场及太平洋岛屿上的日本军队和平地放下武器，想法过于天真。日本的许多军队还没有遭受过局部失败，他们还坚信自己进行的战争是正义的。至于日本本土各岛，遍布顽抗者，占领军——其先头部队只能是小部队，他们只要前进至舰队炮火射程之内，就要冒着随时被杀戮的危险。整个战争期间，日本人一向是无所畏惧的，他们是好战的民族。这些美国评论家未把"忠"的因素考量在内。天皇讲话之后战争就停止了。在此讲话之前，激进的反对者们包围了皇宫，试图阻止诏书的宣读。但诏书一旦宣读，他们全都服从了。无论是在满洲、爪哇等地的前线指挥官，还是本土的东条之流竟然无一反对。我们的军队在机场着陆后，甚至受到了礼貌的欢迎。外国记者中有一个人这样写道：早晨着陆时手指还紧握着枪，中午就收起了枪，到了晚上便可以悠闲地购物了。日本人现在就是用遵从和平的方式"以慰君心"。一周之前他们还在不惜捐躯，即使用竹枪也要击退外敌呢。

这种态度的转变并没有什么不可思议之处，除非那些西方人不承认支配人类行为的情绪是如何各不相同。一些人声称：只有自由主义者掌握了政权，推翻现有政府，日本才能得救。一些人则声称：除了灭绝日本民族别无出路。这两种分析说的都只是一个全力以赴、全民支持，进行总体战的西方国家，他们以为日本的作战方针与西方国家相似，大错特错。还有一些西方人士在几个月的和平占领之后预言：我们失去了一切机会，因为日本没有发生西方式革命，或者说"日本尚未懂得失败"。这是建立在西方真理标准基础上的西方社会哲学。但日本不是西方国家，它没有采取西方各国那种最后的力量：革命。日本也不会采用恶意的破坏活动来对抗敌国占领军。日本使用的是自己固有的力量，即在战斗力被完全摧毁以前，就要求自己把无条件投降这一巨大代价视为"忠"，从日本人观点来看，这种沉重的代价换来的是它最为珍视的东西，他们有权说：这是天皇的命令，即使这是投降的命令。即使战败投降，最高的法令仍然是"忠"。

第七章

最难承受的情理

日本人常说的"情理"是最难承受的。一个人必须报答情理就像他必须报答义务一样，但是日本人所说的情理是带有另一种色彩的义务体系。英语里面几乎找不到和情理意思相同的词，人类学家也发现：在世界所有独特的道德义务范畴之内，情理是最奇特的一种。它是日本特有的。忠和孝是日本和中国所共有的道德规范，尽管日本在观念上作了一些改变，但与其他东方各国所熟悉的道德性要求仍有某种渊源类似点，而情理并不是源自中国的儒教和东方的佛教。它是专属于日本的范畴，不了解它就无法了解日本人的行为方式。所有的日本人在谈及行为动机、名誉和他们在本国所遇到的困境时，都无法避开情理。

　　在西方人看来，情理包含了一个从报恩到复仇的非常复杂的义务体系。难怪日本人不想向西方人解释"情义"的含义，就连他们自己的辞典也很难对这个词下定义。因为他们自己的辞典里几乎也找不到确切的解释。有一本辞典解释说（我这样翻译）："正义之道；人应该遵循之道；为避免世人非议而做自己并不情愿做的事。"这虽然没有告诉西方人足够的信息，但是"不情愿"这个词却指出了它与"义务"的差异。"义务"，不论其对个人要求如何艰巨，至少总是指对其骨肉近亲，或者对代表其祖国、其生活方式及其爱国精神的最高统治者所应尽的一系列责任。由于这种牢固的、与生俱来的联系，所以每个人理应履行。尽管"义务"中的某些特定行为也会使人"不愿意"，但"义务"的定义中绝不会有"不愿意"做的意思。"报答情理"则充满了不快。在"情理的领域"里，欠人情的人的难处是无以复加的。

情理有截然不同的两类。第一类我称之为"对社会的情理"，字面上解释为"报答情理"，是指一个人报答其同伴的义务。另一类我把它称为"对名誉的情理"，它是保持某人的名誉不受玷污的责任，在某种程度上类似于德国人所说的"荣誉"。对社会的情理大体上可以描述为契约关系的履行。与"义务"相比，义务感觉更像履行个人与生俱来的责任。因此情理包括一个人应对他的姻亲家属所承担的所有义务；而"义务"只是对自己的直系亲属所应承担的责任。岳父、公公就是情理上的父亲；岳母、婆婆是情理上的母亲，姻兄弟和姻姐妹是指情理上的兄弟、姐妹。这一套称谓既用于配偶的亲属也用于亲属的配偶。在日本，婚姻理所当然的是家庭与家庭之间的契约关系，终身对配偶的家庭履行这种契约义务就是"为情理付出"。其中最繁重的是指对安排这项契约的父母这代人的情理，年轻的儿媳对婆婆的情理尤其繁重，按照日本人的说法是因为新娘要生活在一个不是她出生的家庭里。丈夫对他的岳父母的责任则有所不同，但也非常可怕，因为如果岳父母有经济困难，女婿必须借钱给他们，还必须履行其他的契约义务。按照日本人的说法，"成年的儿子侍奉他的亲生母亲是出于爱，所以它不是情理。"如果你的行为是发自内心的就不是为情理付出。人们谨小慎微地对他们的姻亲履行所有的义务，因为不论花多大的代价，他都必须避免这种可怕的谴责："一个不懂情理的人。"

日本人这种对姻亲家庭的义务在"入赘"这件事上表现得最为明显，男人以女人出嫁的形式入赘到妻家。如果一个家庭只有女儿而没有儿子，父母为了延续家族的姓氏，就会为其中的一个女儿选一个丈夫入赘到家中。入赘女婿的姓氏将被从他自己家族的户籍中去掉，而改用岳父的姓氏。他来到妻子的家中，在"情理"上服从岳父母，死后葬入岳父家的墓地。他的所有行为都是完全遵照女儿出嫁的形式的。为女儿择婿入赘不是因为没有儿子这么简单，它往往是双方利益的分配，即所谓的"政治联姻"。一种情况是女方的家庭贫穷但是门第高贵，男方带去礼金以换取更高的社会地位。另一种情况是女方的家庭富裕而且有能力使男方接受教育，男方接受这种恩惠，代价是离开他自己的家庭。还有一种情况是女方的父亲能以这种方式为他的公司得到一个预期的合作者。在任何情况下，入赘女婿的情理都很繁重，因为在日本，让一个男人改变姓氏而加入另一个户籍的行为是件严重的事。在封建时期的日本，在战争中他必须为他的养父而战，即使令其杀死生父也在所不辞，以证明自己在新家庭中的身份。在近代日本，入赘养子的"政治联姻"造成强大的"情理"上的约束力，以最沉重的约束，把青年束缚在岳父的事业或养父家的命运上。尤其是在明治时期，这种事情有时对双方都有好处。但是在社会上对入赘女婿的嫌恶常常十分激烈，日本人有句谚语道："有米三合（大约一品脱），绝不入赘。"日本人说这种嫌恶是"出于情理"。如果美国人也有这种习俗，他们会说"这完全不是男子汉干的"，但是日本人不这样说。不管怎么说"情理"都是相当沉重和不情愿的事，所以"出于情理"最能表达日本人对这种负担沉重的人际关系的看法。

不光是对于姻亲家庭的义务是"情理"，对于伯父伯母和甥侄的义务也在此列。在日本，对于比较近的亲戚的义务不属于孝行范畴，这是在家族关系上日本与中国的重大区别。在中国，许多这类亲戚——甚至比这更远的亲戚，都分享着共有的资源，但是在日本，这种亲戚只是"情理"上或是说"契约"上的亲戚。日本人指出，帮助这类亲戚绝非他们曾对帮助者有何恩情，而是通过帮助他们来报答他们共同祖先的恩情。虽然抚养自己的孩子也是出于同样的理由，但这是一种当然的"义务"，对远亲的帮助虽然也是出于同样的动机，但它却被列入"情理"。当人们必须帮助这类亲戚时，就像援助姻亲时会说："我是为'情理'所累。"

日本人认为比姻亲关系更重要的传统"情理"关系，是武士对他的君主和同伴的关系。它是一个有荣誉感的人对其上级和其同辈应尽的忠诚。这种"情理"的义务在大量的传统文学作品中得到颂扬，被视作武士的德行。在德川氏未统一前的日本，这种德行常常被认为是超过"忠"的更重要、更珍贵的品行，即在当时对将军的义务。在12世纪，源氏将军要求一位大名引渡他庇护的一位敌军领主，这位大名的回信至今犹存。他对加之于"情理"的非难感到非常愤慨，甚至拒绝以忠的名义背叛情理。他写道："对于公务，余个人无能为力，但是武士的情理是永恒的真理"，它超越将军的权力。他拒绝"对尊敬的人背信弃义"。这些在古代日本超越一切的武士德行，在历史故事中广泛流传至今，并经过润色改编为能乐、歌舞伎及神乐舞蹈。

其中最著名的是关于12世纪一个不可征服的浪人（没有君主依靠自己谋生的武士）英雄弁庆的故事。他除了不可思议的、使僧侣感到骇人的勇力之外别无可资。他寄身寺庙，杀死过往的武士以收集他们的刀剑，以为自己筹备封建武士所需的行装。最后他挑战一位在他看来武艺平常且具有浮华气的年轻领主，却遇上劲敌，发现这位年轻人是源氏的后裔，正筹划为他的家庭恢复将军的地位。他正是日本人非常喜爱的英雄源义经。弁庆向他表示了热诚的"情理"，并且为他立下了无数功勋。但是最后一次战斗中，因为敌人太强大而不得不与家臣们一起逃走。他们伪装成为建立寺院而化缘的僧人而走遍日本。为了避人耳目，弁庆装成领队而义经则混入其中。他们每遇到敌人沿途设置的警戒，弁庆就把一张伪造的很长的捐赠簿的名单念给他们听以求蒙混过关，敌人几乎让他们通过了，但在最后一刻，义经的贵族气质激起了他们的怀疑，尽管他伪装成一名普通僧人。他们叫回了这一行人，弁庆马上用计使他们完全消除了对义经的怀疑：他因为一点小事怒斥义经并打了他耳光。敌军完全相信了，因为如果这位僧人真是义经，他的扈从是绝不敢打他的。这样违背"情理"是不可想象的，但是弁庆的不敬却救了这一行人的命。他们一到安全的地方，弁庆立即跪在义经面前请求赐死，他的君主仁慈地原谅了他。

这些古老故事中讲述的"情理"出自内心未受到嫌恶玷污的时代，是现代日本人心目中梦想中的黄金时代。这些故事告诉他们，在那个时代，"情理"没有"不愿意"的因素。如果它与"忠"相冲突，人们可以理直气壮地坚持"情理"。"情理"在当时是人们珍视的、具有封建性装饰的直接人际关系。"懂情理"意即终身忠于君主，而君主则以关爱臣属作为报答。"报答情理"意即把生命献给对其有恩的君主。

当然，这只是一种幻想。日本封建时代的历史表明，许多武士的忠诚被敌方大名所收买。更重要的是，正如我们将在下章中看到，如果君主对家臣有所侮辱，家臣就能合情合理的弃职甚至是投奔敌人。在日本，颂扬复仇与颂扬捐躯尽忠同样为人津津乐道。两者都是"情理"，忠诚是对君主的情理，对侮辱进行的复仇则是对自身名誉的情理。在日本它们是一块盾牌的两面。

然而，关于忠诚的古老故事对当今日本人只是黄粱美梦，因为"报答情理"已经不再是对自己的合法君主的忠诚，而是对各种人履行各种义务。如今经常使用的语言中充满了怨恨，并且强调舆论的压力迫使人们违背意愿而履行情理。他们说"这门亲事完全出于情理"，"我给他这份工作完全是出于情理"，"我必须见他完全是出于情理"。他们还经常说"受到情理纠缠"，在辞典中解释为"I am obliged to it"（我被迫这样做）。他们说："他用情理强迫我"，"他用情理强迫我"，这些惯用语的意思都是说，某些人利用以往的恩情迫使讲这些话的人做他不愿做的事。在农村，在小商店的交易中，在上层财阀社会里、在日本内阁，人们都"受情理的强迫"，"为情理所逼"。一个求婚者可以凭借两家的关系或交易从而迫使他未来的岳父背负重担，或者一个人可以用同样的武器取得农民的土地。受情理所迫的人自己也觉得他不得不答应。他会说："如果不帮助恩人（我曾受恩之人），世人会说我的情理有个坏名声。"这些说法正如辞典中所解释的那样，都有"不愿意"、"只是顺从于情面"的意味。

　　"情理"的准则是十分严格的，它必须回报。它们不像摩西十诫那样是一组道德准则。当一个人合乎情理却有时不得不放弃正义感而常常会说："为了情理，我不能坚持正义。"更不用说情理的准则与"爱邻如爱己"有何关系。它们并不规定一个人应当真心主动地宽容他人。他们说："人们必须服从情理，因为如果他不这样，人们会说他们'是个不懂情理的人'而且他将在世人面前蒙羞。"这种舆论使人们不得不遵循。实际上，"对世人的情理"在英语中常被翻译为"conformity to public opinion"（服从舆论）。在辞典中把"因为是对世人的情理所以不得不如此"译为"People will not accept any other course of action"。

把"情理领域"中的准则与美国人关于偿还贷款的规矩进行比较，对我们理解日本人的态度是最有帮助的。美国人并不认为回复接到的信函、回馈礼品以及回应适时的告诫必须像偿还银行贷款或付清利息那样严格。美国人在经济交易中，宣告破产是对不能偿还者的重罚。日本人则把不能报答情理视作人格破产，而生活中的交往都可能涉及某种"情理"。这说明美国人毫不介意地会涉及义务的细小言行，日本人都会谨慎对待，意味着日本人在复杂的社会环境中谨小慎微。

关于日本人"对世人的情理"的观念与美国人还债的观念还有一个相似点。就是对"情理"的报答在观念上与还债一样精确对等。在这一点上，"情理"与"义务"非常不同。不论一个人做了什么，"义务"都不可能完全被履行，而"情理"则不是无休止的。在美国人看来，日本人对旧恩的态度几乎是滴水之恩，涌泉相报，日本人则不这样看。我们对日本人的馈赠习惯也感到奇怪，譬如，每年两度，每个家庭都要包装一些礼品作为六个月前所受馈赠的答礼，女佣家年年送来礼物以感谢雇用之恩。但是日本人忌讳收到比馈赠更多的回赠，认为"赚礼"是件不光彩的事情，说馈赠者"用小虾钓大鱼"很不好听。回报"情理"也是如此。

人们总是尽可能地记录相互之间的交往，无论是劳务上的还是物品上的。在农村，这些记录有些由村长保管，有些由合作组保管，有些由家庭或个人保管。出席葬礼通常需要送"奠仪"，亲戚还要送彩色布料以供制作送葬的幡。邻居都来帮忙，女人下厨，男人挖墓穴和制棺。在须惠村，村长有一个记录这些事情的账簿，它对死者的家庭则是一份珍贵的记录，因为它记录了邻人们的恩惠。名册所记名单也是这一家在别人家死人时还礼的依据。以上是长期的相互礼尚往来。还有村中葬礼短期的往来，如同各种宴请一样。帮忙制作棺材的人会受到宴请，而帮忙者也要给丧主送些大米以为膳食之资。这些大米也载入村长的记录。举行宴会时，客人们也大都要带来一些米酒，作为宴会饮料。无论出生或死亡，还是插秧、盖房、联欢会，"情理"的交往都要仔细记录下来，以备日后回报。

　　日本人关于"情理"的习俗还有一点与西方借债还债相似。如果回报超过预期时间，就会像利息一样增长。艾克斯坦博士讲述了一个他与日本制造商交易的经过，这位商人曾给艾克斯坦博士提供去日本的旅费，让他搜集野口英世的传记资料。艾克斯坦博士回到美国撰写传记并最终将手稿寄回日本。他没有收到任何答谢和回信。他自然担心是否书中有些地方触怒了这位日本人，他的去信仍旧没有回音。几年以后，这位制造商给他打来电话，说他正在美国，不久以后他来到这位艾克斯坦博士家中并带来了几十棵日本樱花树。这份礼物太过丰富了。这就是因为他的回报隔得太久，只有带来慷慨的礼物才得体。馈赠者对博士说："您当时不是要我立即回报吧！"

"被情理所逼"的人经常被随时间拖延而增长的偿付所迫。例如某人向一位小商人寻求帮助，因为他是这位商人童年教师的侄子。而当商人还是个年轻学生时，他没有能力回报师恩，他在情理上的负债就在流逝的岁月中累积起来。于是这位商人不得不帮助他以偿还对老师的债务，"以免遭世人非议"。

第八章

洗刷污名

对名分的"情理"，就是使名声不受玷污的义务。它由一系列美德构成，其中一些在西方人眼里是相互矛盾的，但是在日本人看来却是完全统一的，因为这种义务不属于回报恩惠的范畴，不涉及往日受恩于别人的问题，而是保持某人的名誉的行为。从而它们包括：维持各种纷繁复杂的礼节各得其所，能忍受痛苦，维护自己在专业或技能上的名声。对名分的情理还要求消除毁谤和侮辱，因为毁谤使美名受损，从而应该洗雪。必要时要对毁谤者进行报复，或者自杀。在这两个极端中有多种可能的方法，但不能对每件事都采取折衷的态度淡然应对。

日语里面并没有一个专门的词语与我所说的"名分的情理"相对。他们简单地把它描述为报恩范畴以外的情理。这是进行分类的基础，而不是说"对世人的情理"是回报善意的义务，而"对名分的情理"总是包含复仇。西方语言把上述两者区分为感恩和复仇两个对立的范畴，日本人则不以为然。为什么同一种美德不能同时包括对他人的善意进行回应，和对他人的恶意或轻蔑进行回应呢？

在日本这种美德则二者兼具。一个正派的人对侮辱的感受同对恩情的感受一样强烈，都要认真回报。和我们不一样，他们并不区分两者，称其一为侵犯，称另一种为非侵犯。在他看来，只有在"情理之外"才发生侵犯。只要他是遵守"情理"

洗刷污名，他就没有侵犯之过，只是清算旧账。只要侮辱、毁谤及失败没有得到报复，他们会说："世界并未平衡。"一个正派人必须努力使世界恢复平衡。这是人性的美德，而不是人性的罪恶。对名分的"情理"，甚至是日语中那种把感恩和忠诚结合在一起的表达方式，曾经也是欧洲历史上某些时代的道德。它在文艺复兴时期，尤其是在意大利非常兴盛。它与古典时期西班牙的el valor Espanol（西班牙的勇敢）和德意志的die Ehre（名誉）颇为相似，甚至与一百多年前欧洲流行的决斗行为中的潜意识也有共通之处。无论是在日本还是在西欧各国，凡是这种重视洗雪名誉污点的道德观占优势的地方，其道德的核心总是超越一切物质意义的利益。一个人越是为了"名誉"而牺牲他的财产、家庭和他的生命，他就越是被认为道德高尚。它是道德这一命题中的应有之义，是这些国家一直提倡的精神价值的基础。它的确使他们蒙受了巨大的经济损失，而且它很难从利害得失的角度来衡量。在这一点上，这种名誉观与美国人的拼命相争、公开对抗形成了鲜明的对比。在美国某些政治或经济交往中，也许对保留既得权益并无限制，但获得或保持某种物质利益则是一种战争。至于像肯塔基山中居民之间的长期争斗只是个例外，因为那里占主导地位的名誉的准则属于"对名分的情理"范畴。

任何文化中的"对名分的情理"和由此产生的敌意和伺机报复，并非所有亚洲大陆国家的道德的特点。它不是所谓的东方人的特质。中国人就没有这种特质，暹罗人、印度人也没有。中国人视这种对侮辱和中伤过度敏感的人为"小人"，而不像日本人把对名誉的敏感看作是高尚理想的一部分。在中国的伦理观中，一个人突然使用不正当的暴力来肆意报复所遭受的侮辱是错误的。他们认为太过敏感的行为是相当可笑的。他们对待污蔑也不会用一切善良和伟大的行动来证明诽谤只是无稽之谈。暹罗人也完全没有对侮辱如此敏感的特点。和中国一样，他们倾向于让诽谤者处于尴尬的境地，而不设想自己的名誉遭到伤害。他们说："隐忍是暴露对方卑鄙的最好办法。"

只有把"对名分的情理"放置于日本各种非侵犯性的道德背景中，才能理解它的完整涵义。复仇成其为一种有特定场合要求的美德，它还包括沉着节制的行为。一个自重的日本人要忍受痛苦和自我节制，这是"名分的情理"的一部分。妇女分娩时不大声喊叫，男人勇于面对苦痛和危险。当洪水向村庄袭来，每一个持重的日本人必须收拣生活必需品然后寻找高地，不许哭喊，不许惊慌失措。春分和秋分前后台风暴雨来袭时，也能看到同样的自制。这种行为是每个日本人所具有的自尊心的一部分，即使他不能完全做到。他们认为美国人的自尊并不要求自我克制。在封建时期，日本人对武士的要求比对庶民要高，对平民虽不是那么严苛，仍是一切阶级的生活准则。如果对武士要求能忍耐极端的肉体之痛，那么对平民则要求能极端地承受持刀武士的侵犯。

关于武士的坚忍，有很多著名故事。他们绝不向饥饿屈服，不过这只是微不足道的一小段，他们奉命要作到即使饿得要死，也必须装出刚刚吃完饭的样子，还必须用牙签剔牙。俗语云："雏鸟求食而鸣，武士口含牙签。"这次战争中，这句话成为士兵的座右铭。他们也不能向苦痛低头。日本人的态度与拿破仑少年士兵的回答相似，士兵说："受伤了？不，报告陛下，我被打死了！"武士直到死也不能显露出丝毫痛苦和畏缩。1899年去世的胜伯爵讲述了一个这样的故事：他出身于一个武士之家，但家道中落十分贫寒。小时候他的睾丸被抓伤，当医生给他做手术时，他的父亲拿着刀指着他的鼻子说："如果你哭一声，我就让你死，至少这样死不会使你蒙羞。"

"对名分的情理"也要求人们的生活与他的社会地位相符。如果他没有遵循这种情理，他就丧失了自尊。这意味着在德川时代各类人的自尊必须与禁侈令相符，此令对人们的衣着、财产、用品等一切细节作了详细的规定。对于这种按照世袭地位来规定的法律宗旨，美国人会非常吃惊。在美国，自尊是与提高自身的地位联系在一起的，而固定不变的禁侈令则是对我们社会基础的否定。德川时代的法律规定：这个阶层的农民可以为他的孩子买某种布娃娃，而另一阶层的农民则只能买另一种。然而在美国，我们使用不同的法律得到相同的结果。我们平心静气地接受这样的事实，即工厂主的孩子拥有一组电动列车，而佃农的孩子有一个玉米棒做的娃娃就心满意足了。

我们承认收入的差异并认为这是合理的，争取获得一个可观的收入即是我们这个社会的自尊体系的一部分。即使布娃娃的种类受收入的高低限制，也并没有和我们的道德观念相冲突。富人就可以给他的孩子买更好的娃娃。而在日本变得富有是受到质疑的，而维持得体的身份则不会。即使在今天，穷人和富人一样，都以遵守等级制的习惯来保持其自尊。这是与美国相异的道德。法国人托克维尔在18世纪30年代就在著作的引文中指出了这一点。生于18世纪法国的托克维尔，尽管他对奉行平等主义的美国给予好评，但是他仍然深谙和钟爱他的贵族生活。他认为美国有其自身的美德，但缺少真正的尊严。他说："真正的尊严在于安分守己，不失规矩。在各自的地位上，农民可以和王子得到相同的尊严。"托克维尔一定能理解日本人的观念，即阶级差别并没有什么不体面的。

在对不同文化进行客观研究的今天，人们认为不同的民族对"真正的尊严"定义不同，正如他们对屈辱做出不同的定义一样。如今，有些美国人大声疾呼只有由我们推行平等主义，日本人才能得到自尊。这是他们的民族优越感所犯的错误。如果这些美国人确如他们所说，真的希望有一个自尊的日本，他们首先必须认清日本自尊的基础。我们可以看到，像托克维尔这种贵族制度的"真正的尊严"正在从近代世界中消逝，我们相信，一种更优越的尊严正取而代之。无疑在日本也将是这样，同时日本也必须基于他自身的而非我们的道德基础之上重建自尊，它只能以它自己的方式纯化这种自尊。

"对名分的情理"除了安于本分之外，还要履行许多种义务。借贷者在借款时需要把"对名分的情理"作为抵押，大约二三十年前借贷时说"如果还不了债，我愿在大庭广众面前受人耻笑"是很常见的。事实上，即使他还不起债也不会按他所说的当众受辱，因为日本没有当众受辱的惩罚。但是到了新年，债务必须偿还时，破产的欠债者要以自杀来"洗刷他的污名"。至今，除夕仍然有些人采取自杀的方式来挽回自己的名声。

所有职业上的责任也与"对名分的情理"有关。在某人成为众矢之的备受责难的特殊情况下，日本人的要求往往是古怪的。例如许多学校的校长因为学校失火而引咎自杀，尽管失火导致的天皇挂像受惊与他毫无相干。也有些老师为抢救天皇御像冲进火海被烧死。他们的死证明他们"对名分的情理"和对天皇的忠诚是多么重视。也有著名的故事讲述，有些人在庄严宣读天皇的教育或军人敕谕时偶尔读错，他们深感罪过而自杀以洗刷他们的污名。在当今天皇的统治下，也有人曾因一时不慎，误把自己的孩子起名"裕仁"，这是天皇的御名，在日本必须避讳而不能谈及，结果他杀死了他的孩子并且自杀。

在日本，"名分的情理"对专业人士的要求是非常严苛的，它并非美国人所理解的那样要靠专业水平来维持。老师说："作为教师名分的情理，是不允许我承认不知道的。"这表明，即使他不知道青蛙的种属，他也必须佯装知道；即使他只靠所受的短短几年的英语基础来教授英语，他也不能容许别人来纠正他的错误。"教师名分的情理"所特指的正是这种自我防御。实业家也是这样，"实业家名分的情理"是不能让任何人知道他的资源已经耗尽或者他的企划业已失败的。外交官在情理上也不能承认他的外交政策失败。有关"情理"的上述含义都是把一个人和他的工作极度等同起来，任何对他行为和能力的批评，都自然成为对其本人的批评。

这些日本人对失败和能力不足的污名的反应，在美国也反复出现。我们都知道，有些人一听到诽谤就气得发狂，但是我们却很少像日本人那样具有如此强烈的自我防御态度。如果一个教师不知道青蛙属于哪个种属，他总会认为如实承认无知比不知以为知要好，即使他有掩饰这种无知的可能。如果一个实业家对自己提出的政策不满，他可以下达一个新的指示。他不会认为他的自尊必须以坚持自己一贯正确来维持，他也不会认为假如承认自己的错误就要辞职或退休。但是在日本，这种自我防御根深蒂固，而且它也是一种智慧。因而不能当面过多地说别人专业上的失误，这既是一般礼节，也是一种明智。

这种敏感性在与人竞争而失败时尤为显著。它的产生可能只是由于就业时别人被录用了，或者本人在竞争考试中落选了。失败者会因这种失败而"蒙羞"，虽然这种羞耻感在一些情况下会成为其发奋的强烈激励，但更多的是变成危险的沮丧。他会失去信心，变得忧郁或愤怒，抑或兼而有之，于是他的努力受挫。竞争在日本不会发生如同在我国生活中发生的那种社会上可取的效果，认识这一点对于美国人来说非常重要。我们把竞争看作是好事而非常依赖它，心理测试表明，竞争激励我们做得最为出色。在竞争的刺激下，工作效率得以提高，而当我们自己单独从事任务时，就达不到有竞争者参与的成绩。但在日本，他们的测试结果恰好相反，且在儿童时期结束以后尤为明显，因为日本儿童多半以嬉戏的态度对待竞争，而并不感到焦虑。然而对于青年和成人，只要有竞争，表现就会下降。他们单独工作时，进步较快，错误减少，速度提高；一旦竞争对手参与，就会既出错，速度也大大降低。当他们用自己的成绩来衡量自己的进步时干得最好，而与他人对照时则不是这样。日本实验员正确分析了在竞争状况下成绩不佳的原因。他们认为，当一个项目变得具有竞争性，被测试者的思想就会集中于担心失败，从而影响了工作。他们敏感地把竞争看作是一种侵犯，于是他们把注意力转移到与攻击者的关系上，而不是专注于正在进行的工作。

参与这些心理测试的学生极大地受到因可能失败而蒙羞的心理的影响。正如教师、实业家各自要保持其专业上的"名分的情理"一样，他们也十分重视作为学生"名分的情理"。在竞赛中失败的学生队，在很长时间内都无法摆脱因失败而带来的羞耻感。赛艇队员会手握船桨扑倒在船上哭泣和叹息，失败的垒球队员会聚在一堆嚎啕大哭。在美国我们也许会说他们是毫无气度的失败者，我们的礼节是，希望输者向胜者说对方因为更出色所以获胜，输者应向胜者握手致意。不管我们多么不愿失败，也轻蔑那种因赛输而表现出恶劣情绪的人。

日本人在想出巧妙的方法来回避直接竞争这个方面常常是富有创造性的。他们的小学中竞争机会之少是美国人想象不到的。他们的教师奉命必须教育儿童不断超越自己的成绩，而不得给予他与别人比较的机会。在他们的小学里没有留级的制度，同时入学的儿童一起完成全部初级教育。他们的小学成绩单上记载的是孩子们的操行成绩，而不是学业成绩。当竞争无法避免时，比如中学入学考试时，其紧张程度之大是可以理解的。每一位教师都知道一些男孩因为知道自己没考上而自杀的故事。

减少直接竞争的做法贯穿于日本人生活的方方面面。基于"恩"的伦理规范使竞争的空间很小，相反，美国人的绝对规则是与同伴在竞争中取得优异成绩。日本定有等级规范的整个等级制度，把直接竞争控制在最低限度。家族体系也把竞争最小化，因为从制度上说，父亲与儿子不像美国那样具有竞争关系，他们可以互相排斥，但并不是竞争。日本人都以惊愕的语气评论美国家庭中父子在使用家里的汽车和照顾母亲时的相互竞争。

普遍存在的中介人制度是日本人防止两个竞争者直接面对对方的明显做法之一。当一个人因为担心可能失败而感到羞耻的情况发生，就需要一个中介人。因而，中介人在相亲、找工作、退职以及无数日常事物中都起着作用。中介人向双方当事人传达意见，或在相亲这种重要的交往中，双方都要请各自的中介人，由他们先磋商细节问题，然后向各自一方汇报。用这种中介的方式进行间接交往，双方当事人就不至于应对在直接磋商中必然会招致怨恨或伤及"名分的情理"的要求和责难。中介人也因发挥这种重要的能力而赢得声望，并以他的成功手段博得社会的尊重。顺利的谈判能为中介人赢得更多的声誉，因此顺利签订协议的机会也会增多。中介人还以同样的方式帮助求职者探明雇主的意图，或将雇员的辞职意图转告雇主。

为避免造成羞辱的情况发生以致引发有关"名分的情理"的问题，日本人制定了各种礼节。因此这类情况的发生被控制在最小范围，远远超过了直接竞争。日本人认为，主人应该穿上他的好衣服并以一定的礼节来欢迎客人。因此如果客人看到他走访的农民在家中穿着劳动服，那么客人就需要稍等片刻了。在他穿好得体的衣服和安排好适当的礼节之前，毫无迎接的表示。即使客人在主人更换衣服的房间等候，情况也是一样。在他装束得体之前，他可以装作毫不认识你。在农村，有男青年会在夜晚主人已入睡了少女刚就寝时访问姑娘的风俗。姑娘们既可以接受也可以拒绝男青年的求爱，但是男青年会在脸上绑一个毛巾面罩，这样即使他被拒绝了，他第二天也不会感到羞耻。伪装并不是不让少女认识他，而完全是鸵鸟式的做法，只是这样他可以不必承认他正是那个受辱之人。日本的礼节还要求任何计划在确定成功之前尽可能地不闻不问。在达成婚约之前，媒人的任务是为未来的新郎和新娘安排会面。各种准备事宜都要使会面看起来是偶然相遇，因为如果在这个阶段介绍会面的目的公开了，那么万一会谈不成功就可能会使一方或者双方家庭的名誉受损。相亲时男女双方都要由双亲之一或父母一起陪同，而媒人则必须扮演男主人或女主人的角色，最合适的安排是让他们在每年一度的菊展、赏樱、有名的公园或娱乐场所中"偶然""碰"到对方。

日本人用以上的方法甚至更多其他方法来避免因失败而蒙羞的状况。虽然他们强调洗刷名分受辱的责任，但是在实践中这种责任引导他们去安排事务，从而尽可能减少受辱之感。这一点与太平洋岛屿上的许多同样重视洗刷污名的部族具有显著区别。

在新几内亚和美拉尼西亚从事园艺的原始民族中，部落或个人行动的主要动力是受到侮辱一定要发怒。他们无法举行部落宴会，除非让一个村庄侮辱另一个村庄，说他们穷得连十个客人也请不起，吝啬得把芋头和椰子都藏起来，他们的首领是批蠢货，即使他们想请客也无法组织一次盛宴。于是遭到挑战的村庄就以其丰盛的食物和盛情款待，使所有的客人感到惊异，从而洗刷污名。提亲和经济交易也都是如此。他们交战时，双方也要先破口大骂对方，然后才刀兵相向。他们把最琐碎的小事看作是必须进行道德战的重大事件。这是他们行动的巨大动力，因此这些部落常常具有很大的活力。但是没有人认为他们是崇尚礼节的。

相反日本人则是讲究礼节的典范，而且这种优越的礼节也正是他们限制必须洗刷污名的事端的量度。他们虽然仍把侮辱引起愤怒作为获取成就的最佳鞭策，却限制挑起侮辱的事端，只在特定场合或者消除侮辱的传统手段遭受抑制而不能奏效时才会发生。无疑日本对这种激励的运用使它在远东取得了统治地位，也导致了最近十年其对英美的战争政策。但是，西欧人关于日本人对侮辱敏感及热衷复仇的许多议论，用之于新几内亚那些喜欢利用侮辱的部族，比用之于日本更加适当。还有许多西方人关于日本如何应对其战争政策失败的预测也失于偏颇，因为他们并未认清日本人对"名分的情理"的特殊限制。

美国人不应因日本人尚礼而低估他们对诽谤的敏感。美国人像做游戏一样随意议论他人，我们很难认识到对日本人随意评论的极端严重性。日本画家牧野芳雄在美国出版的英文自传中，他生动地描述了日本人是如何对他所认为的讥笑做出典型反应。当他著书时，他的大部分成年生活已在美国和欧洲度过，但是他感受如此强烈，仿佛仍然生活在他的家乡爱知县的农村。他那时是一个很有地位的地主的幼子，在一个充满爱的幸福的家庭中成长。童年结束时母亲亡故，不久父亲破产，变卖了所有家产还债。家庭破败了，牧野身无分文，无法实现他的愿望，其中之一就是学习英语。为了学英语他来到附近一所教会学校当门房，十八岁时他除了去过附近的村庄外，哪里都没有去过，但他下定决心要去美国。

我拜访了一个我最信赖的传教士，我告诉他我想去美国的意图，并希望他能给我一些有用的知识。可让我大失所望的是，他大声嚷道："什么？你想去美国？"他的夫人也在同一个房间，他们俩都嘲笑我！当时我感觉好像脑子里的血一瞬间都流到了脚底下！我在那里默默地站了一会儿，然后连"再见"也没说就回到我的房间。我对自己说："一切都完了。"

第二天早晨我逃走了。现在我要写下原因。我常认为"不真诚"是对世界最大的犯罪，而没有比"讥讽"更不真诚的了！

我常常原谅别人对我发怒，因为人难免有时会有坏脾气；我一般也能原谅别人对我说谎，因为人性本是很虚弱的，人们常不能坚强地面对困难而说出所有事实；对无稽的流言蜚语，我也可以原谅，因为人们在别人说闲话时难免不附和。

我甚至可以酌情原谅杀人犯，但是"讥讽"是没有任何借口原谅的，因为只有不真诚的人才会嘲笑无辜者。

请让我告诉你我对两个词的定义。杀人犯：杀害某人肉体的人；讥讽者：杀害他人心灵的人。

心灵远比肉体珍贵，因此，讥讽是最恶劣的罪行。传教士夫妇真的杀害了我的心灵，我的心灵受到了巨大的创痛，它在呐喊："你们为什么……？"

第二天早晨，他把他所有的东西打了个包袱，背着走了。

他感到被"杀害"了，传教士怀疑这个不名一文的乡村少年想去美国学画的愿望。他的名分受到了玷污，只有他达到了目的，污名才得以洗雪。在受到传教士的讥讽后，他除了离开那里证明他有去美国的能力别无选择。他指责传教士的英文词语是"insincerity"（不真诚），这让我们感到奇怪，因为在我们看来那位美国传教士的惊叹是十分"sincere"（真诚的）的。但他使用的是这个词在日语中的含义，日本人通常否认那种蔑视他人且不屑与之发生冲突的人是真诚的。这类嘲笑是不道德的，也是对人"不真诚"的明证。

"我甚至可以酌情原谅杀人犯，但是'讥讽'是没有任何借口原谅的。"既然对待讥讽，原谅是不宜的，那么唯一可行的办法就是复仇。牧野来到了美国，也就洗刷了污名。在日本传统中，在受到侮辱和遭到失败的情况下，复仇是件"好事"，占有很高的地位。为西方人写书的日本人，经常使用生动的比喻来描写日本人对待复仇的态度。新渡户稻造这位非常仁慈的日本人，在其1900年的著作中写道："复仇具有满足某人正义感的东西。我们复仇的观念和数学一样精确，方程两边若不等、我们总感到心事未了。"冈仓由三郎在题为《日本的生活与思想》这本书中，把复仇与日本一种独特的习俗作了对比：

一些所谓的日本人的心理特异性源自于他们对纯净的喜

爱，以及与之相关的对污秽的厌恶。否则无法解释这种现象。我们被训练成（实际情况如此）遇到侮辱家庭名誉或者民族自豪感时，就视若污秽或创伤，必须通过辩明得以洗净，否则就不能恢复清洁和愈合。你会认为日本公私生活中复仇事例太常见了，其实它就像一个喜爱洁净的民族所进行的晨浴。

他接着说，"日本人过着洁净无瑕的生活，就像盛开的樱花一样美丽而静穆"。换言之，"晨浴"就是洗净别人向你投掷的泥污，只要它一直沾在身上，你就不可能纯洁。日本没有这样的伦理，即告诫人们只要自己不感到受辱就不算侮辱，他们也不认为"人必自辱而后辱之"，并不是别人对他说了或做了什么。

日本传统总是公开地提倡这种"晨浴"式的复仇理想。无数事例和英雄故事家喻户晓，其中最脍炙人口的是历史故事《四十七士》。这些故事被编入教科书并在剧院上演，成为当代电影的题材，写进通俗读物。它们已成为日本当今文化的一部分。

其中许多故事是有关对偶尔失败的敏感的。例如：一位大名叫他的三名家臣猜一把好刀的锻造者。他们的答案不同，请来专家鉴别之后，只有名古屋山三准确地说出了这把刀是"村正"锻造的。两位答错的家臣视此为侮辱，便预谋杀死山三。其中一个人趁山三熟睡之机，用山三的刀去刺他，但是山三并没被杀死。后来这位行刺者致力于复仇，终于杀死了山三，保全了他的"情理"。

另一些是关于必须向自己的君主复仇的故事。"情理"在日本伦理中意味着家臣要忠于自己的君主至死不渝,但当他觉得自己受辱时,会发生根本转变而成为仇敌。德川家的第一位将军家康就是一个典型的例子。德川的一个家臣听说德川说他是个"会被鱼刺卡死的人",这样有损尊严的死去是对武士的侮辱,无法容忍。于是武士发誓说,至死不忘此辱。德川当时刚刚定都江户(东京),正在统一全国,敌军并未完全平息。这位家臣暗中通敌,策谋内应,从城内纵火烧毁江户。因此他保全了"情理",向德川报了仇。西方人关于日本人的"忠诚"的讨论非常不切实际,因为他们并未认识到"情理"并非仅只是"忠诚",在特殊情况下也要求变节。正如他们所说"挨打的人会变成叛徒",受了侮辱的人也是一样。

日本历史故事中有两个主题:错误者向正确者复仇;受辱复仇,即使对方是君主。这两个主题在流传久远的日本文学中屡见不鲜,并发生流变。如果考察当代日本的生活史、小说、事件,会清楚地发现,不管日本的古代传统多么崇尚复仇,但是发生在当今的复仇行为和西方一样少见,或许更少。这并不意味着人们关于名誉的困惑变少了,而是面对失败和诋毁,人们的反应日益趋于自卫而不是攻击性的。人们仍然严肃对待羞辱,但更多的是采取自我麻痹来取代争斗。直接进攻的复仇更可能发生在明治维新之前那个缺少法律的时代。近代的法律、秩序以及独立处理相互依存的经济的难度，都使复仇转入地下或指向自己的胸膛。人们可以用阴谋诡计向仇人复仇而使对方毫无察觉，这多少有点像古代故事中，主人在款待仇人的佳肴中放置粪便，客人对此却一无所知。如今即使是这种隐秘的攻击，也比把矛头转向自己更为少见。这里，每个人都面临两种选择：一种是把它当作激励，鞭策自己做不可能的事；另一种是让它侵蚀自己的心灵。

　　日本人面对失败、诽谤和排斥时的弱点使他们更易折磨自己而不是别人。日本近几十年的小说，反复描写了有教养的日本人如何在绝望忧郁和宣泄愤怒之间辗转不安。这些小说的主人公对一切都感到厌倦，厌倦生活，厌倦家庭，厌倦城市，厌倦乡村。但这种厌倦的产生并非因为无法实现雄心壮志，亦即比起他们想象中的远大目的，一切努力都显得渺小琐碎。厌倦的产生也不是来自理想与现实的差距。只要日本人有重大使命的远景，厌倦情绪就会消失。无论目标多么遥远，这种情绪也会消失得无影无踪。日本人特有的厌倦是一种过于脆弱的疾病。他们把对拒绝的恐惧引向内心，使自身受到侵袭。日本小说中所描绘的厌倦状态与我们熟悉的俄国小说不同。俄国小说中主人公的厌倦是基于理想世界与现实世界的差距而产生的。乔治·桑松姆爵士曾说过，日本人缺乏这种理想与现实的对立感。他并不是想说日本人厌倦的根源，而是为了说明日本人的哲学和对待生活的总体态度是如何形成的。诚然，这种与西方基本观念的对比，已经远远超出了这里所提到的特例的范围，但是与日本人所受沮丧的困扰又有特殊关系。日本与俄国都是喜欢在小说中描写厌倦的国家，这与美国形成了鲜明的对比。美国的小说不大以此为主题，我们的小说家把人物的苦恼归咎于性格缺陷，或者残酷世界的打击，他们很少描写纯粹的倦怠。个人无法适应社会，必然有其原因，作者总是激起读者对男女主人公性格缺陷的道德谴责，或者对社会秩序中的罪恶进行批判。日本也有无产者小说，谴责城市中可悲的经济状况以及渔船上的可怖事件。但是他们的人物小说揭露了这样一个世界，正如一位作家所说，人们的情感爆发时就像毒气一样四处飘荡。小说中的人物和作者都没有想到，有必要分析环境和主人公的生活经历来拨开阴霾。阴云飘来飘去，使人们易于伤感。他们古代的英雄惯于迁怒于敌人，而他们却把攻击引向自身，于是在他们看来，他们的抑郁似乎没有明确的原因。他们可能抓住一些事件当作原因，但这些事件留下的奇怪印象不过是一个象征符号。

现代日本人对自己采取的最极端的攻击行为是自杀。根据他们的原则，合理的自杀可以为他洗除污名，并在身后赢得好评。美国人谴责自我毁灭的自杀行为，认为自杀只是对绝望的屈服。但日本人尊重自杀，认为自杀可以是可敬的、有意义的行为。但某些情况下，通过自杀来恢复"对名分的情理"是最可敬的行为。新年那天仍拖欠债款的债主，因发生不幸事故而引咎自杀的官员，对爱绝望的情侣双双殉情，因政府迟迟不向中国发动战争以死抗议的爱国者，他们都像没有考中的少年或是不愿当俘虏的士兵那样，把最后的暴力对准自身。有些日本权威人士说这种自杀倾向在日本是新近出现的。这难以判断，统计数据显示观察员近年来常高估了自杀频率。上个世纪丹麦和纳粹之前的德国，自杀比例比日本任何时期都要高。但可以肯定的是：日本人喜欢自杀这一主题。他们书写自杀和美国人书写犯罪主题一样，都能从中得到快乐。比起他杀，他们更多的详谈自杀。用培根的话说，他们把自杀当成最喜欢的“骇人听闻的事件”（flagrant case）。它能够弥补谈论其他事件所无法满足的需要。比起日本封建时期的历史故事，现代日本的自杀事件更富于自虐性。在那些故事中，武士受朝廷之赐而自杀，以避免不光荣的死刑。恰如西方敌军士兵宁愿被枪杀也不愿被绞死或落入敌人之手而受到折磨。武士被赐切腹与受辱的普鲁士军官有时被允许秘密自杀一样。普鲁士军官在得知他除了以死挽回名誉外别无他路以后，他的上级会在他房间的桌子上放一瓶威士忌和一把手枪。日本武士也是一样，在这种情况下死是注定的，只是选择自杀方式的问题。近代的去死就是选择自杀的一种方式。人们常常把暴力转向自身而不去杀害他人。自杀行为在封建时期是一个人对自己勇气和果断的最后声明，今天则变成选择自我毁灭。最近四五十年间，当日本人感到“世界不公”、“方程式两边”不等、他们需要“晨浴”来洗净污秽时，他们日益倾向于毁灭自己而不是他人。

　　自杀甚至是为自己争取胜利的最后论据，虽然它在封建时期和近代都有，但都向上述方向发展。德川统治时期的一个著名故事，讲述了幕府中的一位德高望重的老臣，曾在其他官员和将军面前，当众袒腹抽刀，准备切腹自杀。自杀的威胁奏效了，因此确保了他推举的继任者当上了将军，他没有自杀却达到了目的。用西方的语言说，这位大臣"勒索"（blackmail）了将军的职位。但是在近代，这种抗议性自杀是殉道者行为而不是谈判手段，多半出现在提议未被采纳，或反对像伦敦海军裁军条约这类已签署的协议的情况下，以求留名青史。在这种情况下，只有真正自杀而不是仅以自杀相要挟，才可能影响舆论。

　　"名分的情理"受损而把攻击转向自己的趋势正在日益发展，但是它不一定包含像自杀这样的极端行为。自我攻击只会产生沮丧、消沉以及流行于日本知识阶层典型的日本式厌倦。为什么这种情绪会在这个特殊阶层蔓延，在社会学中可以得到很好的解释。因为知识阶层过于拥挤，他们在等级制中的地位很不稳定，只有极少数人才能实现他们的雄心壮志。尤其是在二十世纪三十年代，因为当局怀疑他们有"危险思想"，这使他们更加忧郁。日本知识分子经常抱怨他们的沮丧是因为西化引起的思想混乱，但这种解释并不充足。典型的日本人的不安情绪是从强烈的献身精神向强烈的厌倦转变的，许多知识分子都蒙受精神磨难，这是日本传统所固有的。二十世纪三十年代中期，许多知识分子也用传统文化拯救自己。他们怀着国家主义的目标再一次把攻击从自身转向外部。在对其他国家的极权主义攻击中，他们重新"找到自我"。他们把自己从恶劣情绪中拯救出来，感到一股新的巨大力量。他们在人际关系中无法办到的，他们相信作为一个战胜国可以办到。

既然战争的结果证明这种自信是错误的，日本又再度陷入消沉和巨大的精神恐慌之中。无论是什么样的紧张不安，他们都无法轻易应对，它根深蒂固。一个日本人在东京说："再没有炸弹了，轻松真好。但是我们不打仗就没有了目标。人们无论做什么都会感到茫然和心不在焉。我是这样，我的妻子也是这样，所有的人都像生病了一样，做起事来慢吞吞，茫然若失。人们抱怨政府对战争的善后和救济工作不力，我以为，这是因为那些官员的心情也和我们一样。"这种低落情绪的危险和法国解放后情况一样。德国投降后的六至八个月内还没有出现这种问题，日本则出现了。美国人能充分理解这种反应，但是令人几乎难以置信的是，日本对战胜国竟能如此友好。很明显，几乎战争一结束，日本人就以极好的态度承认战败及一切后果。他们以鞠躬微笑、挥手致意欢迎美国人，没有愤怒和不快。用天皇宣布投降诏书中的话说"接受难以忍受的事实"。为什么当时他们不重建家园呢？在被占领时期他们有重建的机会，因为当时并不是每个村庄都被占领，而且行政事务的管理权仍在他们手中。而整个国家似乎都在微笑和挥手致意，而不处理自己的事务。然而，这正是那个曾在明治维新早期完成了复兴奇迹，20世纪30年代倾注全力厉兵秣马，士兵在太平洋战争中不顾一切所向披靡的国家。

这个民族确实丝毫未变，他们是以日本性格应对的。在顽强努力和消沉度日之间情绪摇摆不定，对他们来说是自然的。在当时，日本人关注的是在战败情况下如何维护荣誉，他们认为通过友好可以达到这个目的。其必然结果是，许多日本人认为依赖美国人是最安全的方法。由此他们很容易质疑努力，倒不如消磨时光。于是，消沉情绪蔓延。

然而日本人并不喜欢消沉。在日本"从消沉中振奋起来"，"把别人从消沉中唤醒"是号召争取更好生活的、不变的口号，战争期间的广播中也经常播放。他们以自己的方式与消极被动作斗争。1946年春，日本的报纸连篇累牍地讨论"在全世界目光的关注下"，他们仍没有清理轰炸废墟的瓦砾，公用设施仍处于停顿状态，这对日本的荣誉是很大的玷污。他们抱怨无家可归的家庭懒散消沉，夜宿火车站，让美国人看他们的可怜相。日本人很理解报纸对荣誉的呼吁，他们也希望尽最大努力使日本成为联合国组织中占有重要地位的一员。这也是致力于名誉，但是方向却是新的。如果将来大国之间实现了和平，日本是能以此作为通向自尊之路的。

荣誉在日本是永久不变的目标，它对于博得尊重是必要的。至于为了这一目标而使用的手段则根据情况而定。情况发生改变，日本人也能改变方向，并制定新的方针。改变对于他们来说并非西方人所认为的道德问题。我们热衷于"主义"，热衷于意识形态上的信念。当我们失败了，我们的信念不变。战败的欧洲人联合起来到处搞地下活动。而在日本除了少数顽固分子，日本人不需要对占领日本的美军组织抵制运动和地下反抗运动，他们认为在道义上没有因循旧路的必要性。占领后不到几个月，美国人即使单独乘坐拥挤不堪的火车去偏远的乡村也很安全，并受到昔日抱有国家主义思想的官员谦恭的问候，未发生过一次报复行为。当美国人的吉普车开过村庄时，儿童们呼喊着"Hello"和"Good-bye"夹道欢迎，婴儿太小不会挥手，母亲则握着他的小手向美国士兵挥动。

日本人对于战败的根本转变，美国人很难理解它的表面价值，这是我们无法做到的。甚至比拘留营中日本俘虏对战争态度的改变更难以让我们理解。因为俘虏自认为对于日本来说他们已经是死人，那么"死人"还能做些什么我们不得而知。在那些了解日本的西方人中，几乎没有人预测到，上述日本战俘性格上的变化，也会出现在战后的日本公众当中。他们大都认为日本"只知道战胜和战败"，战败对于日本来说是侮辱，是一定要以拼死的暴力来进行复仇的。有些人认为日本的国民性使他们无法接受任何媾和条款。这些日本研究者并未明白"情理"。他们从所有保持荣誉的选择中，挑选了复仇和侵犯这种显著的传统模式，却没有考虑日本人还有用另一种行为方式复仇的习惯。他们把日本人对于侵犯的伦理和欧洲的方式混淆了。西方的方式是个人和国家之间的斗争，首先必须确认战争目的的永恒正义性，再从蓄积已久的憎恨和义愤中汲取力量。

日本人的攻击性则源于另外的方式。他们极度需要得到世界的尊重，他们看到一些大国是靠军事实力来获得尊重的，于是他们实行能与之并肩的方针。由于日本资源匮乏，技术落后，因此不得不采取比希律王更暴虐的手段。当他们付出的巨大努力失败了，他们认识到侵略终究不是赢得荣誉的办法。"情理"常常与使用侵略手段或遵守互敬关系一样具有相同含义，战败的日本从前者转向后者，而且明显没有感觉到心理冲突，目标仍然是他们的荣誉。

在历史中的其他情形下，日本人也有同样的行为方式，经常让西方人迷惑不解。1862年日本结束了长期的封建闭关自守，帷幕刚刚拉开，一个英国人理查森在萨摩被杀害。萨摩藩是攘夷运动的策源地，萨摩武士的极端傲慢和黩武是广为人知的。英国人派了一支远征队进行惩罚，炮轰萨摩藩重要港口鹿儿岛。日本在德川幕府统治时期，大量仿造旧式葡萄牙式火枪，鹿儿岛自然不是英国战舰的对手。然而轰炸的结果却令人吃惊，萨摩藩向英国示好，而不是誓死复仇。他们看到了对手的强大，并希望向他们学习。他们与英国建立了贸易关系，并于次年在萨摩建立了大学，正如一位当代日本人所述，学校"教授西方科学的奥义……因生麦事件产生的友好关系日益发展"。所谓生麦事件就是英国惩罚萨摩并炮轰鹿儿岛港这一行为。

这不是个别事件，和萨摩藩一样极其好战和排外的长州藩也是一例。两藩都是"复兴王政"的领导者，没有实际权力的天皇朝廷发布一道敕令，限以1863年5月11日为期限，所有将军务必将一切蛮夷从日本驱逐出去。幕府对敕令置之不理，而长州藩则不然。它从要塞向游弋在下关海峡的西方商船开火，但日本的枪炮太落后而无法击垮商船。为了教训长州藩，西欧联合舰队迅速摧毁了要塞，并索取了三百万美元的赔偿，战争带来的后果和萨摩藩一样奇特。正如诺曼对萨摩事件和长州事件所作的评价："这些领导排外的藩态度巨变，不管其复杂的动机是什么，人们只能对其行为中所表现出的现实主义的和沉着冷静表示尊敬。"

这种随机应变的现实性是日本人"对名分的情理"中积极的一面。像月亮一样，"情理"也有其光明面和阴暗面。它的阴暗面是日本视美国限制移民法和伦敦海军裁军条约为对其国家的极大侮辱，并刺激了它灾难性的战争计划。它的光明面使它有可能以很好的态度接受1945年的投降及其后果。日本一如既往地按其性格行事。

近代日本作家和评论家在"情理"的义务中选择了"武士道"精神介绍给西方人，从字面上讲即"武士之道"。有理由说明这种介绍产生了误导，"武士道"的正式述语是近代才有的，在"受情理所迫"、"仅只是出于情理"、"为情理倾尽所能"等格言背后，并没有深厚的民族感情基础，它也无法涵盖"情理"的复杂性和矛盾性，只是评论家的灵感创作。此外，它还成为国家主义者和军国主义者的口号，由于这些领导人名声扫地，"武士道"的概念也随之遭到质疑。但这绝不意味着日本人不再"懂得情理"，对于西方人来说，此时理解日本的"情理"比以往任何时期都重要。把"武士道"和"武士"视为同一事物也是误解之源。"情理"是所有阶层的共同美德。像日本所有其他义务和纪律一样，社会地位越高，其"情理"的责任越重，但"情理"是对所有社会阶层的共同要求。至少日本人认为"情理"对武士的要求更高。一个外国观测员可能感觉"情理"对平民要求更高，因为在他看来，遵守"情理"的平民得到的回报更少。对日本人来说，他在自己的阶层受到尊重就是足够的回报，"不懂情理的人"仍然是受同伴蔑视和排斥的"可悲者"。

第九章

人的感官世界

像日本这种极端要求回报义务和自我约束的道德准则，似乎坚决认为身体的欲望是人内心产生的罪恶，这也是古典佛教恪守的教义，但日本的道德准则却对感官享乐那样宽容，这就更加令人惊异。尽管日本是佛教大国之一，但是在这一点上，它的伦理道德与释迦牟尼和佛经的教义截然不同。日本人并不谴责自我欲望的满足，他们并非清教徒。他们认为身体的享乐是件好事并值得培养。他们追求享乐，重视享乐。然而，享乐必须把握分寸，不得侵扰人生的重大事务。

　　这样的准则使生活处于极度的紧张当中，印度人远比美国人容易理解日本人对感官快乐的容忍。美国人不认为人们必须学习享乐，拒绝纵情声色就是抵制广为人知的诱惑。但实际上，享乐和义务一样，也需要学习。在许多文化中，快乐本身并未得到学习，因此人们特别容易为要求自我牺牲的义务而献身。甚至男人和女人身体的相互吸引有时也受到极大限制，直至它几乎不能威胁到家庭生活的平稳安宁，在这些国家，他们完全基于其他的考虑。日本人一方面培养他们的感官快乐，同时又确立一种规则，规定不能把耽于享乐作为严肃的生活方式。他们把肉体享乐当作美术一样培养，在他们充分享受以后，他们又会为了义务牺牲享乐。

　　日本人最喜欢的身体上的小快乐是洗热水澡。最贫穷的农民和最卑微的仆人，对其热爱程度与贵族一样。每天傍晚都要浸泡在滚烫的热水中，这已成为生活常规之一。最常见的浴盆是一个大木桶，在下面烧上炭火，保持水温在110华氏度，甚至更高。人们在进入浴盆之前要先洗净身体，然后尽情享受全身浸泡的温暖和松弛。他们双手抱膝坐在盆中，状如胎儿，水没至下巴。他们和美国人一样十分注重清洁而每日洗浴，但他们在其中加入了一种消极放任的艺术情趣，这在世界各国的沐浴习惯中是不多见的。他们说，年龄越大，其情味越浓。

他们用各种各样的方法来节省沐浴所需的开支和麻烦，但是沐浴必不可少。在城镇，有像游泳池那样大的公共浴池，人们可以到那里洗澡，并与同伴谈笑；在农村，一些妇女轮流在庭院中为洗澡作准备，各家轮流沐浴，日本人洗澡时被人看到也并不感到羞怯。即使是在上流家庭，沐浴都要遵守严格的次序，客人最先，接着是祖父、父亲、长子等等，直至最下等的仆人。他们全身通红地出浴，然后全家人聚在一起，享受每天晚餐前最愉快的时光。

恰如视洗热水澡为一大享乐一样，他们也重视"强身"，其中包括最极端的方法冲凉水。这种方法经常被称作"寒稽占"（冬炼）或"水垢离"，至今仍得以保留，但已不是古老的传统形式。从前它要求黎明前出门，坐在山中冰冷的瀑布之下，寒冬之夜，即使在没有暖气的日本房子里也是不小的苦行。帕西瓦尔·洛威尔记述了18世纪90年代存在的这种习惯。

立志获得治愈疾病和预言的特殊能力的人——他们并不想成为僧人——在睡前练习寒稽古，然后凌晨两点"众神沐浴"时起床再做一次。早晨起床、中午、傍晚时各做一次。

在那些潜心学习乐器或其他手艺的人中，黎明前的这次苦行更为盛行。为了强身，人们需要把自己暴露在严寒中，据说这对练习书法的儿童尤其有效，哪怕手指冻僵或生冻疮。现代的小学也没有暖气，这对培养儿童的意志大有裨益，它使儿童在未来的生活困难中变得更坚强。西方人印象更为深刻的是：日本儿童经常感冒和流鼻涕，而他们的习惯是从不预防。

睡觉是日本人偏爱的另一种嗜好，也是他们最熟练的技术之一。他们不管在何地，也不管在我们看来处于多么不可能入睡的情况下，都能安然入睡。这让研究日本的西方学者感到吃惊。美国人几乎把失眠看成是精神紧张的同义词，按照我们的标准来衡量，日本人的性格高度紧张，但是他们却能轻而易举地熟睡。他们晚上睡觉很早，在亚洲很难找到一个和他们睡得一样早的国家。村民们日暮不久就睡觉，我们的信条认为睡眠为第二天储备精力，他们并没有这种盘算。一个很了解日本人的西方人写道："到了日本，你必须放弃今晚的睡眠和休息是为第二天的工作服务的想法，你必须把睡眠和恢复精力、休息、消遣放松分开考虑。"就像一项工作的提议，睡眠应该"独立于其他生活现实"。美国人习惯于认为睡眠是为了保持体力，大多数人早晨一醒来就计算昨夜睡了多久，睡眠长度告诉我们第二天有多少精力和效率。日本人睡觉则是因为其他理由，他们就是喜欢睡觉，只要无人打扰，他们就能高高兴兴入睡。

同样，他们并不吝惜牺牲睡眠。准备考试的学生可以日以继夜地学习，尽管睡眠可使他更好地应付考试，但他完全不受这种观念的影响。在军事训练中，睡眠完全服从于训练。杜德上校1934—1935年在日本军队工作，在谈及与手岛上尉的一次谈话时说，在平时的演习中，部队"连续两次行军三天，除了抓紧十分钟休息的短暂间歇可以打个盹，两夜未睡。有时有士兵边走边睡，我们一位少尉因熟睡而径直撞进路边的木堆里，引起大笑"。当营帐最终扎好，士兵们仍然没有机会睡觉，都被分配到前哨巡逻。我问："为什么不让一部分士兵去休息呢？"上尉回答："噢，不行！那没有必要，他们已经知道如何睡觉，需要训练的是如何不睡。"它简洁生动地表达了日本人的观点。

吃饭和取暖、睡觉一样，既是日本人所喜爱的享乐式的放松，又是一种严格的训练。日本人在闲暇时喜欢烹调各种膳食来品尝，一道菜虽然只有一汤匙，但色味俱佳。但是不同的规范得到强调，艾克斯坦引用一个日本村民的话说："快吃快拉是日本人最高的德行。""吃并不重要……吃饭只是维持生命的需要，因此应该尽快吃完。孩子们，尤其是男孩，总是被催着尽快吃完，而不像在欧洲，劝他们慢慢吃。"在佛寺里，僧侣受到规范，在饭前祷告中，他们把食物看作是良药，意思是那些修行的不应把吃饭当作享乐，而应把它视为必需。

按照日本人的观念，强行绝食是对一个人有多么"坚强"的很好检测。像前面所说的拒绝温暖和睡觉一样，绝食也能表明一个人的耐力，就像武士那样"口含牙签"。如果能够经受住绝食的考验，体力会因精神胜利而增强，而不会因为缺乏热量和维生素而下降。美国人认定营养和体力是一一对应关系，而日本人却不这样认为。因此，才有东京电台对战时躲在防空洞中的人们宣传运动可以使饥饿的人恢复体力和活力的事情。

浪漫的爱情是日本人培养的另一种"感官"情趣。日本人对此习以为常，无论它与他们的婚姻形式和家庭义务多么相悖。日本小说充满了这种题材，和法国文学一样，主角都是已婚者。双双殉情是他们最热衷的阅读和谈论的主题。10世纪的《源氏物语》是与世界各国任何伟大的爱情小说相媲美的作品。封建时期的大名和武士的爱情故事同样具有浪漫色彩。它还是日本当代小说的主要题材。这与中国文学反差很大，中国人对浪漫爱情和性的享乐的克制，为他们避免了许多麻烦，因而他们的家庭生活非常和谐稳定。

当然，在这一点上美国人比中国人更能理解日本人，但是这种理解不够深入。我们关于性享乐的很多禁忌是日本人所没有的。在这个领域，日本人是不遵守伦理道德的，我们则要遵守。性和其他"人的感官"一样，他们认为只要把它放在生活的次要位置，性是绝对有好处的。"人的感官"没有罪恶，因此对待性的享乐没有讲道德的必要。美国人和英国人认为他们珍爱的书画有些是淫秽的，认为吉原（艺伎和伎女聚集地）是耸人听闻的地方。日本很早以前，对这种评价就很敏感，并立法以使他们的习惯接近西方标准，但是没有法律可以消除这种文化差异。

有教养的日本人完全知道，英国人和美国人认为不道德和淫秽的事，他们却不这样认为。他们并没有意识到，我们的传统态度和他们的"'人的感官'不得干扰人生大事"之间有巨大的鸿沟。而它正是我们难以理解日本人关于爱情和性享乐态度的一个主要原因。他们泾渭分明地把属于妻子和属于性享乐的领地分开，两个领地一样开放、光明正大。而不像在美国生活中，一个公之于众，一个暗中进行。日本人的区别是因为，一个属于人的主要义务的范围，一个属于次要的娱乐消遣的范围。如此划分，使两者对家庭中理想的父亲和市井之徒"适得其所"。日本人和我们美国人不同，他们没有确立一种理想，即把恋爱和婚姻看作一件事。我们赞成把恋爱看成是选择配偶的基础，"相爱"是结婚的最好理由。婚后丈夫与其他女人发生关系就是对妻子的侮辱，因为他把本应属于妻子的东西给予别人。日本人的判断标准则不同，在选择配偶问题上，他们服从父母的选择而盲目结婚。他与妻子的关系必须完全遵守礼节，即使是在很融洽的家庭中，孩子们也看不到他们之间的性爱表现。正如一位现代日本人在他们的杂志中所说："在这个国家，婚姻的真正目的是生儿育女，以让家族得以延续。除此以外的任何目的，必然歪曲了婚姻的本义。"

　　但这并不意味着日本男子只能局限于这种循规蹈矩的生活之中。只要他们有钱，他们就可以供养情妇。与中国截然不同的是，他并不将令他着迷的女人带回家中，如果他这样做了，就会混淆两种理应分开的生活范围。这个女人可能是精通音乐、舞蹈、按摩或娱乐表演艺术的艺伎，也可能是妓女。无论是哪种人，他都要与她的雇主签订契约，契约保护女方不被抛弃并确保她得到报酬。当这个女孩生下孩子，男人希望把这个小孩与自己的孩子一起抚养，只有在这种非常特殊的情况下，男人才能把她带回家，而她只能当仆人而不是妾。而这个小孩把男人的合法妻子叫母亲，与生母的关系则得不到承认。在中国已明显成为传统习俗的东方式一夫多妻制，在日本却没有。日本人对家庭责任和"人的感官"的区分，甚至在空间上也是明显的。

　　只有上层阶级才有钱供养情妇，但是大多数男人都不时会光顾艺伎或妓女，这种光顾是公开的。妻子会为丈夫的夜生活打点行装，还会收到丈夫光顾的地方送来的账单，并理所当然地为之付账。她也许对此不满，但这是她的分内之事。到艺伎处玩乐比到妓院花钱要多，但与艺伎玩乐一夕的费用并不包括性行为的过夜。他所得到乐趣只是受到衣着光鲜、举止得体、训练有素的女孩的款待。要接近某一个艺伎，男子就必须成为她的主顾，并签订契约规定她将成为他的情妇，或者男子魅力迷人，艺伎主动为他献身。与艺伎相伴一夜也绝非毫无性关系。艺伎的舞蹈、风趣、歌谣、仪态，都是在传统中富有挑逗性的，而且专门表现上流夫人无法表现的一切。这些都是"人的感觉世界"中的事，对"孝"的世界是一个调剂。没有理由不去纵情享乐，但是两个领域必须泾渭分明。

妓女都住在合法的妓院，男子在与艺伎相处一晚之后，如果他愿意他还可以去妓院。妓院费用低廉，钱少的人便优先于考虑以这种方式得以满足而放弃艺伎。妓院外面展示着妓女的照片，男子一般公开站在外面，花很长时间对照片进行品评挑选。这些妓女身份低微，不像艺伎那么高不可攀。她们大多是迫于家境贫寒的高压被卖到妓院，并未受过像艺伎那样的娱乐表演艺术的训练。过去，日本还没有认识到西方对此习俗的非议，早年，妓女亲自坐在外面，毫无表情地面对顾客对人体商品的挑选。如今，她们以照片来代替。

男人可以挑选其中一个妓女，并与妓院签署契约，他便成为妓女的主顾，而妓女则成了他的情妇。这些妓女受到契约条款的保护。但是，男人如果挑选一个女佣或者女店员作为情妇，不用签署契约，这些"自愿情妇"是最没有保障的。她们正好是最可能与对象相爱的情妇，但她们却被排除在公认的"义务范围"之外。当日本人读到美国关于年轻妇女被情人抛弃的悲伤失意的故事或诗歌时，他们则把这些私生子的母亲视同"自愿情妇"。

对同性恋行为的爱好也是传统中"人的感官"的一部分。

在旧时代的日本，同性恋行为是武士和僧侣这种有地位的人公认的一种享乐。在明治时期，日本为努力赢得西方人的赞许，立法取缔许多旧习时，也规定同性恋应当受到惩罚。但是，至今这种习惯却仍被认为是"人情之一"，不值得郑重对待，只是必须把它限制在一定范围，不能妨碍家庭关系。因此不必担心西方所说的男人或女人"变成"同性恋的危险，尽管有日本男人自愿当职业艺伎。日本人对美国的成年男子扮演被动同性恋角色感到非常吃惊，在日本，成年男人会选择少年作为伴侣，因为对成年人来说，扮演被动角色于自尊有损。日本人对一个人能做什么并能保持自尊有自己的界线，它与我们美国人的界线不同。

日本人认为自体性享乐也没有违背道德。没有一个民族有像他们这么多的自慰工具。在这个领域里，日本人也试图减少它的公开性，以阻止西方人的非议，但他们并不认为这些工具是邪恶的。西方人强烈反对手淫行为，在欧洲比在美国更强烈，这种观念在我们成年以前就留下深刻印象。小孩会听到传言说手淫会让人发疯或者秃顶。母亲从他小时候起就会警惕，一旦发生她可能会严肃处理，并体罚他，也可能缚住他的手，也可能告诉他上帝会惩罚他的。日本的少年儿童没有这种体验，因此成年人也不会采取和我们一样的态度。他们并不感到自慰享乐是罪恶的，认为只要把它放在严谨生活中的次要位置，是完全可以控制的。

酗酒是另一种被允许的"人的感官"。日本人认为我们美国人发誓戒酒，完全是西方式的奇思妙想。对于我们鼓动投票通过地方禁酒令也这样认为。饮酒是一种正常人不会拒绝的乐趣。按照他们的想法，人们不用担心喝酒会像担心"变成"同性恋一样"变成"酒鬼，在日本，成瘾的酒鬼还确实没有成为社会问题。饮酒是一种令人愉快的消遣，家庭以至社会都并不排斥醉酒的人。他不会变得粗暴，当然人们也不认为他会打孩子。纵情狂欢以及不拘于礼仪的松弛，是十分常见的。在城市的酒会上，人们都喜欢坐在别人的腿上。

保守的日本人严格地区分饮酒和吃饭。在有酒提供的农村宴会上，如果谁一开始吃饭，就意味着他不再饮酒，他就已跨进了另一个"范围"，他必须区分两个范围。在家里他也会饭后饮酒，但是他并不一边吃饭一边饮酒，而是轮流先享受一种酒，再享受另一种酒。

日本人关于上述这些"人的感官"的态度有若干影响。它否认了西方哲学中在生命中此消彼长的两个基本力量，肉体与灵魂。在日本哲学中，肉体并不是罪恶的，享受它可能带来的快乐也是无罪的。灵魂与肉体在宇宙中并非是对立的力量，他们的这个原则导致了一个合乎逻辑的结论：世界并非善与恶的战场。乔治·桑塞姆爵士写道："纵观他们的历史，日本人似乎在某种程度上缺乏认识恶的能力，或者说不愿应对恶的问题。"事实上，他们始终批判把恶作为一种人生观。他们认为人有两种灵魂，但它们不是人的善的冲动与恶的冲动之间的斗争，而是"温和"的灵魂和"粗暴"的灵魂。在每个民族每个人的生活中，都有"温和"的时候和"粗暴"的时候，没有注定一个灵魂要上天堂，一个要下地狱。它们在不同的情况下，都是必需的、善的。

即便是他们的神也同样明显地具备善恶参半的特征。在日本最受欢迎的神是素盏鸣尊，他是天照大神（女神）之弟，是"迅猛的男神"。这位男神对其姐姐极其粗暴，在西方神话中被视为恶魔。他的姐姐天照大神怀疑他来意不善，想把他赶出房间。他却肆意妄为，在她和侍者准备庆祝"赏鲜仪式"的餐厅中抛撒粪便。他还破坏田埂，这是很严重的罪行。最严重的也是最不为西方人所理解的是，他竟然在他姐姐的房顶打了个洞，并从中投下一个"倒剥皮"的斑驹。素盏鸣尊做了这些坏事，遭到众天神的严惩，从天上放逐到黑暗之国。但他仍然是日本众神最招人喜爱的神之一，受到应有的崇敬。这种神在世界神话中是常见的，但在高一级的伦理宗教中，他们被排除在外，因为，善与恶相对的宇宙哲学更倾向于把超自然力分成对立的两类，以分清黑白，辨明是非。

日本人始终明确否认美德包括同恶作斗争。正如他们的哲学家和宗教教师几百年来不断阐释的，这种道德准则不适用于日本。他们大声宣告这正好证明日本人道德的优越。他们说中国的道德准则高扬"仁"，即公正与仁爱的行为，将其作为一种绝对标准。以仁为标准，那么所有的有缺点的人和行为，就能发现其不足。"这种道德准则对中国人是有利的，中国人的劣根性需要这种人为的方式来约束"。18世纪伟大的神道本居宣长这样写道。近代佛教家和国家主义领导者也就同样的主题发表过言论。他们说，日本人本性善，值得信赖，不需要与人性之恶作斗争。日本人只需要清洁心扉，在不同场合保持行为得体。如果它让自己变得"肮脏"，其污秽也容易除去，人的善性又会再度生辉。日本的佛教哲学宣讲凡人皆能成佛，比其他任何国家都要多。德行准则不在佛经之中，而在于用自己的悟性和清净的心灵去领悟。为什么一个人不能相信他自己心灵的发现呢？人的灵魂本非恶的。日本没有和《圣经·诗篇》一样的神学，会这样说："我是在罪孽里生的，在我母亲怀胎的时候就有了罪。"他们没有关于人堕落的教义。"人的感官"快乐是赐福，无论是哲学家还是农民都不应谴责它们。

在美国人看来，这种教义似乎会导致一种自我放纵的纵欲哲学。但正如我们所知，日本人把生活的最高任务规定为履行义务。他们完全接受报恩意味着牺牲个人欲望和快乐这个事实。他们认为，把追求幸福当作人生重大目标的思想是令人吃惊的、不道德的。当能够耽溺其中时，幸福只是一种消遣，如果郑重对待，以幸福与否作为判断国家和家庭的标准，那是不可思议的。人们经常在履行"忠"、"孝"和"情理"的义务时感到强烈的痛苦，这是他们意料之中的。这使人生艰难，但他们早有准备。他们总是放弃那些他们认为绝非罪恶的享乐，这需要坚强的意志，而这种坚强在日本是最受尊敬的美德。

与日本人的这种立场一致的是，他们的小说和戏剧中少有"大团圆结局"。普通的美国观众都渴望找到答案，他们希望剧中人物从此过上幸福生活，希望他们的美德能有所回报。如果他们不得不在剧终时流泪，那必是因为英雄的性格缺陷或者是他成为了不良社会秩序的牺牲品，但是，观众更喜爱的是主角万事如意，一切圆满。而普通的日本观众则泪流满面地看着男主人公的悲惨结局，可爱的女主人公因为命运的转折而被害。这样的情节是晚间演出的高潮，正是人们去剧院想要看到的。甚至日本的现代电影也是以男女主人公的苦难为主题的，他们或者相爱却又不得不放弃对方，或者幸福地结婚，但其中的一方或另一方因为履行义务而自杀，或是妻子放弃自己的一切来挽救丈夫的事业，并激励他努力培养作为演员的才能，在丈夫成名之前，让他自由享受新生活，而她在都市中默默无闻；在丈夫飞黄腾达之日，她却在贫困中死去，毫无怨言。不需要圆满的结局，只需唤起对自我牺牲的男女主人公的同情和惋惜。主人公的苦难不是上帝的审判，而是表明他们为履行义务而不惜付出一切代价，无论是遗弃、疾病还是死亡，都未能使他们偏离正道。

日本现代的战争电影也表现了这种传统。美国人观看了这些电影经常会说，这是他们看到的最好的和平主义的宣传。这是典型的美国式的反应，因为电影中全部都是关于牺牲和战争的苦难，没有大肆表现阅兵、军乐队，也没有军舰演习和巨大的枪炮。无论是描写日俄战争，还是描写中国事变，他们都坚持刻板的表现，在泥泞中行军、凄惨战争中的痛苦、胜负不定的煎熬。他们的屏幕上看不到胜利甚至高呼着"万岁"的冲锋，而是整夜待在中国小镇深陷泥泞，或者描写代表一家三代的残疾、瘸子、盲人，他们是经过三次战争的幸存者。或者表现士兵死后，故乡的亲人为失去丈夫、父亲和维持家计的人而悲恸，并聚到一起共谋生计。那种英美电影中激动人心的战争场景是看不到的，他们的电影甚至没有伤兵复原的主题，更不会涉及战争的目的。对日本观众来说，所有银幕上的人都在尽力回报别人对他的恩惠就够了，因此这些电影成为日本军国主义的宣传工具。电影制作者知道，这些电影是不会在观众中激起和平主义的情绪的。

第十章

道德的困境

日本人关于忠、孝、"情理"、仁以及"人的感官"的规则，表明了他们的生活态度。他们把"人的全部义务"看得好像在地图上划分省份一样。用他们的话说，人生是由"忠的世界"、"孝的世界"、"情理的世界"、"仁的世界"以及"人的感官世界"等许多世界构成的。每个世界都有其特殊的细则，日本人不通过整体个性评判同伴，不会像美国人那样谴责一个人不公正，而是说他"不懂孝道"或者"不通情理"，他们会明确指出一个人行为的不足之处。他们不会谴责一个人自私、刻薄，而是明确地告诉他在哪个特殊领域违反了准则。他们不会诉诸于"绝对命令"或"金色法则"。受到赞成的行为总是与它出现的那个世界相关。一个人"为了孝"而行动时是一种方式，而只是"为了情义"或者"在仁的世界"行动时——在西欧人看来——就会完全是另一种方式。甚至各个世界的准则也会随着其内中情况的变化而可能要求采取很不相同的适当行动。对于主君的"情义"，在主君没有侮辱家臣以前，要求尽最大的忠诚；受到主君侮辱之后，就可以背叛主君。在1945年8月以前，"忠"要求日本人与敌人奋战到最后一兵一卒，但是当天皇通过电台宣布日本投降时，对"忠"的要求又发生了变化，日本人又最大限度地表现出与外来者的合作态度。

这让西方人感到困惑。按照我们的经验，人们"按照性格"行事，我们以绵羊和山羊是温驯还是桀骜，顺从还是倔强来区分它们。我们按此把人分类，并期望人们的行为前后一致。不论他是慷慨的还是吝啬的、心甘情愿的还是疑虑重重的、保守主义的还是自由主义的，我们都期望他们信仰一种政治理想，并始终如一地与另一种意识形态作斗争。根据我们在欧洲战争的经验，欧洲有合作派和抵抗派，我们有理由不相信，合作派在欧洲胜利日之后会改变立场。在美国国内的政治论争中，我们也承认这一点。比如新政派和反新政派在出现新局势时，我们认为这两个阵营也会按其本意行事。如果一个人的立场转向对立面，如一个无信仰者成为天主教徒，或"激进派"变成保守派，这种转变应被称作"立场转变"，并应建立起新的人格与之相适应。

当然，西方这种对行为整体性的信仰未必总能被证实，但它绝不是幻觉。在大多数文化中，无论是原始的还是文明的，男人和女人都把自己描绘成扮演着不同角色的特殊人群。如果他们追逐权力，就会以他人对其意愿的服从来衡量自己的成败；如果他们希望被爱，就会为自己受到冷落的处境感到沮丧。他们设想自己绝对公正，或者具有"艺术家气质"，抑或优秀的顾家的人。他们自己的性格一般都具有某种"完整形态"，它给人类的生活带来秩序。

日本人毫无精神负担地转变自己行为的能力，让西方人难以理解。我们的经验中没有走这种极端的可能性。可是，对于我们来说，似乎相互矛盾的日本生活，却已经深深植根于他们的人生观之中，如同性格的同一性之于我们。日本人所划分的生活"世界"是不包括"恶的世界"的，认识这一点对西方人来说尤其重要。这并不是说日本人不承认有坏行为，而是他们不把人生看成是善的力量和恶的力量相互斗争的舞台。他们把人生看作是一出戏，这个"世界"的需要与另一个"世界"的需要、一个行动方针与另一个行动方针都需要仔细权衡，每个世界、每一个行动方针本质上都是好的。如果每个人都遵循其本性，那么每个人都是善良的。正如我们所见，他们甚至把中国的道德格言看成是中国人的道德需要，认为它证明了中国人的劣根性。他们说，日本人完全不需要包罗一切的道德戒律。用我们已在前文中引用过的乔治·桑塞姆的话说，他们并"不尽力解决恶的问题"。按照他们的观点，不从宇宙的高度，也能充分说明恶的行为。虽然每个灵魂原本都闪耀着美德的光辉，如同一把新刀，但是，如果不勤于磨砺，它就会失去光泽。如他们所说的"自身的锈迹"，它和刀上的锈迹一样有害，因此人们必须像磨砺刀剑一样对待自己的品行。光辉的灵魂一旦被锈迹掩饰，所有需要做的就是再磨砺一次。

由于日本人的这种人生观，西方人很难看懂日本的民间神话、小说和戏剧，除非加以改写，像我们常做的那样，以求符合我们对性格一贯及善恶相斗的要求。但日本人并不这样看待这些故事情节，他们的评论则是围绕英雄受困于"情理与人的感官"、"忠和孝"以及"情理和义务"的冲突而展开。主人公的失败是因为他的感官享乐遮蔽了"情理"的义务，或是忠孝不能两全。由于"情理"，他不能坚持正义，受困于"情理"而牺牲家庭。他们所描写的这些矛盾仍然是具有约束力的两种义务之间的矛盾，它们都是"善"的，对两者的选择犹如债务者该还债时面对多如牛毛的债务，他必须选择先偿还某些债务而暂时不管其他债务。但他还清一笔债务，并不能免除其他债务。

对故事主人公的这种看法，与西方人根本对立。我们的主人公之所以是好人是因为他们选择了善的一面，并与恶的一面作斗争，如同我们所说的"道德胜利"。因此应该有一个圆满结局，善行应有善报。但是日本人对这种主人公却有浓厚的兴趣，他既背负社会恩情之债，又亏欠了自己名分之债，二者无法调和，只能以死了结。这类故事在许多文化中都是告诫人们要顺从悲惨的命运，但在日本却恰好是激发主动性和坚韧意志的故事。主人公在竭尽全力完成其肩负的某种义务时忽视其他义务，但最后又和他们所忽视的"世界"进行清算。

日本真正的民族史诗是《四十七士》，它虽然在世界文学中的地位不高，但它在日本人心目中却占有最重要的地位。每个日本儿童不仅了解故事梗概，而且熟知细节。他们不断传诵、出版这些故事并把它拍成广受欢迎的系列电影。四十七士的墓地长期以来一直是人们最喜爱的圣地，不计其数的人前来瞻仰，他们留下的访问卡常常使墓地周围变成一片白色。

《四十七士》的主题是以对主君的"情理"为中心的。如日本人所理解的那样，它描写了"情理"与"忠"，"情理"与"正义"的冲突，当然在冲突中，"情理"总是在道德上胜利；它还描写了"纯粹情理"与"无限情理"的冲突。这是一个发生在1703年的历史故事，日本正处于封建鼎盛时期，按照日本人的想象，当时的男儿都是大丈夫，他们没有"不情愿的情理"，四十七个英雄为了"情理"牺牲了他们的名誉、父亲、妻子、姐妹、正义以及一切，最后他们都自杀了，以生命尽忠。

　　当时，所有的大名都要定期向幕府将军称臣，幕府将军派了两位大名做司仪，浅野侯是其中之一。这两位司仪因为是地方大名，所以不得不向幕府中威望颇高的大名吉良侯请教礼仪。浅野侯最有才智的家臣大石（故事主人公）不巧没有随行，如果他在身边就能为主君妥善安排一切。而浅野侯不谙世故，没有给这位尊贵的指导者送足够的礼物。另一位大名的家臣都受到了指导，因为他深谙世故，向吉良馈赠了厚礼。因此吉良侯态度傲慢地指教浅野侯，并故意让他在举行仪式时穿上完全不合礼数的服装。举行仪式那天，浅野侯按吉良侯的指教装束，当他认识到自己受辱，便拔刀砍伤了吉良的前额，后被众人拉开。为了自己的名誉向吉良复仇是一种美德，这是他对"名分的情理"，但在幕府将军的殿前拔刀则是不忠，浅野侯正当地履行了"对名分的情理"，但必须按规定"切腹"自杀以尽忠。他回到自己的府邸，换好衣服，准备切腹，只等着他最有才智和最忠诚的家臣大石回来。两人以良久的对视作别后，浅野侯照例端坐，以刀刺腹而死。没有亲戚愿意继承已故主君的家业，因为他不忠并致使幕府将军不悦。浅野的封地被没收，家臣们也成了没有主人的浪人。

根据情理的义务，浅野家的扈从也应该跟随主君一起切腹自杀，如果他们按其主君对其"名分的情理"之所为，履行其"对主君的情理"而自杀，这将会成为对吉良的侮辱的声讨。但大石却暗下决心，认为为了表达他们的"情理"，切腹自杀太微不足道。他们必须完成主君因当时被家臣拉开而未能完成的复仇。他们必须杀死吉良，但只有对幕府不忠才能完成这项任务。吉良与幕府将军关系亲近，幕府不可能批准浪人复仇。按照惯例，任何策划复仇的人都要向幕府将军呈报，确定最后期限，在期限之内不能完成复仇就必须放弃。这种制度曾让一些人幸运地调和了"忠"与"情理"的矛盾。大石知道这条路对他和他的同伴来说行不通。因此他召集了那些曾是浅野扈从的浪人，但却对刺杀吉良一事只字未提。按照1940年日本教科书所写，这些浪人足有三百多人，他们一致同意切腹自杀。但是大石知道，这些人并不都有"无限情理"，即日本警句中所说的"情理与真诚兼具"的人，因此在向吉良报仇这样危险的行动中，不是每个人都值得信赖。为了区分他们中间哪些人只讲"纯粹情理"，哪些人"情理与真诚兼具"，大石向他们出了一个题，问他们应该如何分配主君的家产。在日本人看来，这和测验一样，如果他们的家庭要分得财产，那么他就不是会同意自杀的人。浪人们对分配财产的标准分歧很大。总管是家臣中俸禄最高的人，以他为首的一派主张按原来的俸禄高低来分配，以大石为代表的一派主张平分。这就很快弄清了浪人中哪些是只讲"纯粹情理"的人，大石同意按总管的方法分配家产，并同意获利的家臣离开浪人的队伍。于是管家离开了，并因此获得了"走狗武士"、"不懂情理的人"、恶棍等恶名。大石认清了只有四十七人"情理"坚定，并告知他们他的复仇计划。这些个人与大石盟誓，保证无论是信仰、爱情还是义务，都无法阻止他们完全复仇，"情理"是他们的最高准则。于是，四十七人割破手指，歃血为盟。

他们要做的第一件事是让吉良无法觉察，丧失警惕。他们各奔东西，假装丧失所有的荣誉感。大石常去最低级的妓院，斗殴滋事，毫无体面可言，并以这种自甘堕落的生活为幌子与妻子离婚。这是打算采取违法行为的日本人惯用的、果决的步骤，因为它能保证妻儿不受他的最后行为的牵连。大石的妻子带着深深的悲伤离开了他，而他的儿子则加入了浪人的行列。

东京城里的人都猜测他们要复仇，所有尊敬浪人的人们都深信他们将要杀死吉良侯，但四十七士矢口否认有这种企图，他们佯装成"不懂情理"的人，他们的岳父为他们的不光彩行为感到愤慨，把他们逐出家门，并解除了婚姻关系，他们的朋友也奚落他们。一天，大石的一位好友碰到大石酩酊大醉并与女人在一起寻欢作乐。即使是在好友面前大石也不承认"对主君的情理"。"复仇？"他说，"真是太傻了，人生就应该尽情享乐，再没有比饮酒作乐更快活的事了。"那位朋友不相信，就把大石的刀从刀鞘抽出来看，以为刀刃一定会闪闪发光，就足以证明大石讲的不是真话。但刀生锈了，他不得不相信大石了，便当街踢这个醉汉，并向他吐唾沫。

有一个浪人为复仇筹措资金，把自己的妻子卖作妓女，妻子的哥哥也是浪人队伍中的一员，发现妹妹已得知复仇的秘密，打算亲手杀死妹妹以证明自己的忠诚，从而使大石同意他成为复仇行动的一员。另一位浪人杀死了他的岳父。还有一位浪人把自己的妹妹送到吉良侯家当侍女和小妾，以便从内部通报消息确定何时动手。这项行动使她在完成复仇之后不得不自杀，因为，尽管是伪装侍候吉良，她也必须以死来洗刷这一污点。

12月24日，一个大雪纷纷的夜里，吉良摆酒设宴，侍卫喝得大醉。浪人们突袭了戒备森严的古良侯府，杀死了侍卫，径直冲进吉良侯的寝宫，他并不在那里，但被褥尚温，浪人们知道他必藏身于某个秘密的地方，最后他们发现一个人蹲伏在放木炭的小屋里，一位浪人隔着墙用长矛刺进去，但拔出的长矛上却没有血迹。长矛确实刺中了吉良，当它拔出来时，吉良竟用衣袖拭去了血迹，但他的小伎俩并未得逞，浪人们把他拽了出来，他却说他不是吉良，他只是个管家。在这时，一个浪人想起了浅野侯曾在殿前砍伤了他的额头，根据伤疤确定他正是吉良，并要他切腹自杀，但他拒绝了，这当然证明了他是个怕死鬼。于是浪人用他们主君切腹自杀的刀砍下了他的首级，按照仪式将它洗净，终于完成了复仇的任务。他们带着这把两度染血的刀和吉良首级，列队走向浅野侯墓。

整个东京城为浪人们的复仇行动震惊了。曾经怀疑过他们的亲人和岳父都赶来与他们拥抱，向他们表示敬意。沿途大藩的诸侯也对他们殷勤款待。他们来到墓地，除了把刀和首级放在墓前，还为已故的主君宣读了祭文。祭文仍保存至今，其大意如下：

四十七士展祭于主君之灵前……主君复仇之业未竟，臣实无颜拜祭。诚惶诚恐，一日三秋……今以吉良首级为君祭。此刀去年为君所珍用，并托臣等保管，今原物奉上。臣祈主君以此刀再击敌首，永雪遗恨。四十七士谨祭。

他们虽报答了"情理"，但他们还需要尽"忠"，只有一死才能两全。因为他们未事先呈报的复仇违反了国法。由于他们并未背叛"忠"，凡是以"忠"的名义所提出的要求，他们必须执行。幕府裁决四十七士切腹。小学五年级的国语读物是这样写的：

他们为主君复仇，其始终不渝的"情理"应为永世垂范……因此幕府在三思之后命其切腹，实乃一举两得之策。

也就是说四十七士亲手结束了自己的生命，对"情理"和"义务"做出了最高的回报。

日本的这首民族史诗在不同版本中有所不同。在现代电影中，故事开端的贿赂情节被改为色情情节。吉良向浅野的妻子示爱，由于他心怀不轨，所以才故意教浅野犯错使他蒙羞。行贿的情节被除去了，而有关"情义"的一切义务则描绘得更加深刻。"为了情理，他们抛妻、弃子、弑父"。

　　"义务"与"情理"发生冲突的主题也是其他许多故事和电影的基础。其中最优秀的一部历史电影取材于德川幕府第三代将军时期。这位将军继位时年纪尚轻，未经世事。对于将军继位之事，幕臣们分成两派，其中一派想拥立与其年龄相同的一位近亲，但未能成事。一位大名对此失败之"辱"怀恨在心，虽然第三代将军后来很有政治才能，这位大名却一直在伺机报仇。一日，德川将军和他的随从通知他准备巡视这个藩国。这位大名的任务是接待将军一行，他准备抓住这个机会，洗雪宿怨，实现他"对名分的情理"。为此他把自己的官邸变成一个据点，堵塞所有的出口，封锁要塞。他还策划制造房屋坍塌，把将军一行压死。他的阴谋在盛大的酒宴中登场，他的款待小心翼翼，为了取悦将军，他让手下一位武士为将军舞刀，并指示他在舞刀的高潮时刺杀将军。按照"情理"，这位武士不能违抗主君的命令。但是，"忠"又禁止他这样做。银幕上，舞刀的过程充分刻画了武士的内心冲突。他进退维谷，尽管"情理"不可违，但"忠"更胜一筹。舞姿乱了，将军一行开始怀疑。他们正起身准备离开，铤而走险的大名下令摧毁房屋。将军刚逃过一劫，却又面临房屋坍塌。在这千钧一发之际，舞者冲过去带领将军一行从地下密道逃出，将军一行安然脱险。"忠"战胜了"情理"。将军的部下对他充满感激，并再三劝他与他们同返东京接受荣誉。武士回头看着即将倾塌的房子说："不，我必须留下来，这是我的义务也是我的'情理'。"他离开他们回到房子里，在房屋的倾覆中死去。"他的死既成全了'忠'也成全了'情理'，二者得以调和"。

古代故事没有把义务和"人的感官"的冲突作为中心。在近代它则成为主要题材。近代小说讲述的是为了"义务"和"情理"而必须抛弃爱情和温情。这个主题没有被冲淡，而是更受重视了。就像日本的战争影片易使西方人感到它是绝妙的反战宣传一样，这些小说也常使我们认为，它是在按内心的意志追求更自由的生活。但日本人反复评论小说的情节时，其看法却与我们不同。我们同情主人公是因为他有爱情、希望以及个人抱负，他们却批评这种人软弱，因为他让这些感情干扰了他对"义务"或"情理"的履行。西方人也许认为，反对陈规旧习，克服障碍争取幸福是坚强的标志；但是按照日本人的看法，那些忽视个人幸福和履行义务的人才是强者。性格坚强是在服从中而不是在反叛中得到体现的。因此，西方人看了日本小说和电影后所肯定的意义与日本人所肯定的极不相同。

日本人评价自己或熟人的生活时也有类似的评语。他们认为，当个人欲望与义务准则发生冲突时，如果他专注于欲望，那么他是弱者。他们对所有的情况都是以这种方式来进行判断的，其中与西方伦理最为不同的是丈夫对待妻子的态度。对于"孝的世界"来说，父母处于中心地位，而妻子处于边缘地位。因此，丈夫的义务很明确。一个道德感很强的人必须恪守"孝"道，服从母亲的决定与妻子离婚。即使他爱他的妻子或者妻子已为他生下孩子，也必须离婚，只有这样才能使他更"坚强"。日本人常说："孝道可以让你把妻儿视同路人。"对待妻子儿女最多不过是在"仁的世界"。最坏的情况是，他们不能对丈夫提出任何要求。即使是在很幸福的婚姻中，妻子也不可能成为义务世界的中心。因此，丈夫不能把同妻子的关系提高到同父母或祖国一样高的位置。20世纪30年代，一位著名的自由主义者公开演讲时说回到日本非常高兴，并提及与妻子重逢也是高兴的原因之一。他因此招致了不少流言蜚语。因为他应该谈及的是父母、富士山以及他应为祖国的使命而献身，妻子达不到这种高度。

现代日本人也对他们如此强调等级和范围的道德准则表示不满。大多数日本的教育都已经致力于把"忠"推向最高地位。正如政治家们把天皇置于最高地位，废除将军和领主制，以简化等级制度一样，在道德领域，他们把所有较低层次的道德都归于"忠"以简化义务体系。通过这种方式，他们不仅找到统一国家于"天皇崇拜"之下的政治制度，并且减少了日本道德的分散状态。他们力图教导人们，履行了"忠"的义务也就履行了其他一切义务。他们力求确保"忠"不仅是地图上一个范围，也是道德圆拱桥上的一块拱心石。

关于这个计划最好的、同时也是最权威的宣言是明治天皇于1882年颁布的《天皇敕谕》。这份敕谕和《教育敕谕》是日本真正的圣典。日本没有一个宗教拥有经典。神道没有经典，日本佛教各派或者以不著于文字的东西为教义，或者以反复吟诵"南无阿弥陀佛"、"南无妙法莲华经"之类来代替经典。但天皇敕谕和教导则是真正的圣典。宣读时，听众静穆无声，毕恭毕敬，如同神圣的宗教仪式一般。他们像对待旧约五书一样，从圣殿中取出阅读，又在听众散去之前恭恭敬敬地送还。奉读敕谕的日本人因为读错一句就会引咎自杀。《军人敕谕》主要是颁赐给现役军人的。军人逐字背诵，每日晨起须默想十分钟。在重要的国家节日、新兵入伍、期满复员以及类似场合，都要在军人面前庄严宣读。中学和成人教育的学生也要学习此敕谕。

《军人敕谕》是一份长达若干页的文件，纲目分明，文字严谨。但对西方人来说却像个谜，不同规则看起来互相矛盾。善良与德行被树立为真正的目标，其表达方式西方还能理解，紧接下来的敕令警告听者不要重蹈古代那些死得不光彩的人物的覆辙，因为他们"无视公道之理，只徇私情之义"。这是官方正式译文，虽然不是逐字翻译，但足以表达原意。接下来敕令写道："汝等要以此为戒，谨记为要。"

如果没有关于日本人的义务划分的丰富知识，是很难理解这里的"告诫"的。《敕谕》全文表明官方试图简化"情理"而提高"忠"的地位。整篇敕谕，在日本最普通的词"情理"却未出现一次，取而代之的是，则是反复强调"大义"——"忠"，"小义"——"徇私情之义"。《敕谕》竭力证明：履行了"忠"就足以履行其他的德行。敕谕道："义者，即行本分之'义务'"。尽忠之士必有"大勇"。所谓"大勇"意即"日常待人必以温和为先，旨在得人敬爱。"《敕谕》意欲劝服：谨守此则，足以避开"情理"。"义务"以外的责任属于小义，必须慎重考虑才能履行。《敕谕》道：

　　若欲守诺（私人关系）而（又）欲行义……自始须思虑再三，是否可兼顾。若轻率履行责任，必将陷于进退维谷之境。若确知无法兼顾守诺和行义（敕谕中把它定义为"履行义务"），应立即放弃守诺（私人）。自古至今，无数英雄豪杰，屈服于厄运，身败名裂，遗羞后世，只因守信于小节，未辨大义，或因无视公道之理，只徇私情之义。

　　这段关于"忠"高于"情理"的训诫，如前所述，对"情理"未着一字。但是日本人都知道这句话："由于'情理'，我无法守义。"于是敕语的注释说："如确知无法守诺，而又行义……"注释以天皇的权威说，在这种情况下应该放弃"情理"，谨记"情理"只是小节，如果遵循敕谕，坚守更高的法则，仍然是有德行之人。

这份高扬"忠"的圣典是日本的基本文件之一。但是，很难说它对"情理"的间接贬低是否削弱了对"情理"这种义务的控制。日本人经常引用《敕谕》中的其他部分为自己或他人的行为辩护，如"义者，即行本分之'义务'"，"精诚所至，金石为开"等。虽然他们经常引用得当，但他们很少提及关于徇私情的告诫。"情理"至今仍是极具影响力的德行，如果说一个人"不通情理"，是一种非常严厉的谴责。

　　日本的伦理体系不是引进一个"大节"的概念就能轻易简化的。正如他们常常夸称，日本人没有一种现成的普遍适用的道德作为善行的试金石。在许多文化体系中，人们在获得善意、管理才能或者事业有成等优点时，相应地获得自尊。他们把诸如快乐、权力、自由或社会活动能力确立为生活目标。日本人则遵循更特殊的准则。不论是在封建时代还是在《军人敕谕》中，即使是谈到"大义"，也只是意味着对等级较高的人的义务总是压倒对下级的义务。他们现在仍然是特殊主义的，"大义"对西方人来说通常是指绝对忠诚，日本人则不同，对于他们来说"大义"是指对某个特定的人或特定目标的忠诚。

　　近代日本人试图把某种道德准则推向统摄一切"领域"的高度时，常常选择"真诚"。大隈伯爵，在评价日本道德时说这种"真诚"（makoto）"是统摄一切规则的原则，道德教化的基础可以用这一个词来概括。我们古代的词汇中缺少关于道德的术语，除了唯一一词——'真诚'"。在本世纪初曾赞扬西方个人主义新思潮的现代小说家，也开始对西方模式感到不满，力图赞美"真诚"才是唯一真正的"主义"。

在道德上强调"真诚"也是《军人敕谕》所支持的。《敕谕》以一份具有历史性的序言开篇，它相当于美国华盛顿、杰斐逊等国父的文件。在日本，这段序把"恩"和"忠"高扬到极致：

朕视汝等如手足，汝等仰朕为首领。朕是否能保卫国家，报答先祖，俱赖汝等尽忠职守。

紧随其后的是五条原则：

（1）最高的德行是履行"忠"的义务。再善战的士兵如若不"忠"，也不过是木偶。不"忠"的军队只是不堪一击的乌合之众。"因此，不可为时评所惑，不可干预政治，忠贞不贰，务必谨记'义'重于山，死轻于鸿毛。"

（2）第二条命令是务必遵守军仪，亦即须按军阶行事。"视上级命令如圣旨，上级须体恤下级。"

（3）第三须勇武。真正的勇武与"粗野好战的行为"不同，它应"不藐视弱敌，不惧怕强敌。尚武者与人交往，温和为先，以得人敬爱。"

（4）第四条命令是"勿徇私情"。

（5）第五条是务必节约。

"不以节俭为旨之人，必将流于文弱轻浮、骄奢，终致自私卑鄙，沦落底层。即使忠勇，皆难免为世人唾……朕忧心忡仲，恐其日甚，故一再嘱之。"

《敕谕》的最后一段把此五则训诫称为"天地之大道，人性之纲常"，它们是"军魂"。此外，此五则训诫的核心精神是"真诚"。"若心不诚，则其美言善行，皆空洞无用；若其心诚，则志在必得。"因此五则"易守易行"。《敕谕》把其所列举的所有德行归结于"真诚"，这是典型的日本特色。而中国人把"仁爱"作为所有德行的根基。而日本人则不同，他们首先确立义务准则，最后才要求人们全心全意，竭尽所能履行义务。

在佛教主要教派禅宗的教义中，诚也具有同等的意义。在铃木大拙的禅宗大要中记录了一段禅宗师徒的对话：

僧问：吾知猛狮猎食，无论兔象，皆尽其力。此力为何？

师曰：诚心也（字面意义是不欺之力）。

诚者，不欺也，亦即"竭尽全力"，禅语谓之曰"合体之用"……无所保留，无所掩饰，无所浪费。如此活者，可谓金狮，乃至刚至诚，全心全意之象，神人也。

日本人对"真诚"的特殊解释我已经提及。Makoto（日语"真诚"的音译词）与英语中的诚（sincerity）意义不同，它的内涵狭窄得多而又丰富得多。西方人常常很快意识到它的意义比西方语言狭窄得多。他们经常说到的，当一个日本人说某人不诚，他的意思是说此人与他意见不合。这有一定的正确性。日本人说一个人"真诚"，并不一定是指他诚实地按照内心演算的爱憎、决断、惊愕来行动。美国人在表达赞许之意时常说："他见到我由衷的高兴"（He was sincerely glad to see me），"发自内心的高兴"（He was sincerely pleased），这与日本人不同。日本人有一系列对这种"真诚"表示轻蔑的谚语。他们讥讽道："看那只青蛙，嘴巴一张就亮出肚中的一切"，"像石榴一裂开就知道他心里想什么"。"随口说出自己的感情"是羞耻的事，因为这会"暴露"他。这些与"真诚"相关的含义，对美国人来说至关重要，而日本人的"真诚"中却没有这种含义。当那个日本孩子谴责美国传教士"不真诚"（insincerity）时，他绝不会考虑，那位美国人为这个不名一文的小男孩打算去美国的计划感到惊愕，是否是"真诚"的。日本政治家在过去十年中经常谴责美国和英国"不诚"，甚至他们也不考虑西方国家是否确实意识到那样行动是不诚的。他们甚至也不谴责他们是伪善者，因为伪善只是轻微的责备。同样，当《军人敕谕》说："诚乃所有细则之精要"，它的意思并不是说这种能使一个人的言行表里如一、发自内心的德行能让其他一切德行得以实现。它当然也不是说，不论个人的信念与别人有多么不同，也必须奉命守诚。

然而，"真诚"在日本也有积极意义。由于日本人如此强调这种道德观念的作用，所以对西方人来说，把握日本人行为上诚的含义显得尤为重要。"真诚"的基本含义在《四十七士物语》中已经得到了很好的阐释，"真诚"在故事中只是"情理"的附加意义，"真诚的情理"与"纯粹的情理"不同，它的意思是"情理乃永世垂范"。当今的日本人说是"诚使它保持下去"。根据上下文，这里所说的"它"是指日本道德中的任何准则，或为"日本精神"所要求的一切态度。

战争期间，日本人移民收容所对这个词的用法与《四十七士物语》的用法完全一致。它清楚地表明，"真诚"的逻辑能延伸到什么程度以及它的用法与美国人有多么不同。亲日的第一代移民（第一代移居美国的日本人）通常对亲美的第二代移民的责备是说他们缺少"真诚"。第一代移民的意思是说第二代移民没有组成"日本精神"的精神品质，在战时日本人把它正式定义为"坚持"。第一代移民的意思绝不是说他们下一代的"亲美主义"是伪善的，恰恰相反，当第二代移民志愿加入美国军队，而且明显表现出他们对第二祖国的支持出于真挚的热诚时，第一代移民指责他们"不诚"显得更加振振有词。

日本人使用"真诚"的一个基本含义就是，热情地遵循日本道德准则和"日本精神"所指引的道路。无论"真诚"在特定情境下有多么特别的含义，均可理解为它是对公认的"日本精神"的某个侧面的颂扬，或者是对日本道德准则所示指标的颂扬。只要我们承认"真诚"这个词不具有美国人那种含义，那它在所有日本文献中都是值得注意的、极其有用的词。因为它大抵准确无误地等同于日本人实际强调的各种正面德行。"真诚"这个词经常用来赞扬不追逐私利的人。这反映了日本人的伦理非常厌恶谋利。利益如果不是等级制的自然结果，就会被认定为剥削的结果。从中渔利的中介人会变成令人讨厌的高利贷者，中介人经常被指责"不诚"。"真诚"也经常用来称赞不感情用事的人，这反映了日本人的自律观念。一个称得上"诚实"的日本人决不会接近那种伤害一个无意寻衅滋事者的风险。这反映他们的教条，即一个人既要对自己的行为本身负责，也要对行为的边缘影响负责。最后，只有"真诚"的人才能"领导别人"，才能有效发挥个人才能，而不受心理冲突的影响。这三点含义以及许多其他含义，都非常简单地表明了日本伦理的同质性。这些含义也反映出，在日本，一个人只要遵循这种准则，就可以在有效发挥才能的同时，又不至于陷入内心冲突之中。

尽管《敕谕》和大隈伯爵极力推崇，日本的"真诚"仍有多种含义，可见这种德行并没有简化日本的道德体系。它既不构成日本伦理道德的基础，也不是它的"精神实质"。它是适当的加在数字之上的指数，以扩大该数字的倍数。比如A的二次方可以是9的二次方，也可以是159或b或x的二次方。"真诚"也是这样，它可以把日本道德律的任何一条提得更高。它似乎不是独立的道德，而是信徒对其教义的狂热。

不论日本人怎样努力改进，日本的道德体系仍然处于多层次分散状态。道德的原则仍然是这个步骤和那个步骤相互保持平衡，各种行动本身都是善的。他们所建立的伦理体系犹如桥牌比赛，一个优秀选手会遵守规则并在规则之内游戏。他与一个不合格的选手的区别在于他的思考是遵守规则的，他能在竞赛规则之内利用足够的知识领会其他选手的用意。用我们的话说，他是按照"霍伊尔"规则比赛，每出一张牌他必须对细枝末节考虑周全。比赛规则涵盖了各种可能性，比分也是预先设定的。在美国人的观念中，所谓的善意倒成了不相关的事物。

在任何语言中，人们用来表达失去或获得自尊的语境，很能说明他们的人生观。在日本，"尊重自己"常常表明自己是一个谨慎的选手，而不像在英语中意味着自觉地遵守一个有价值的行为标准，不屈从他人，不撒谎，不作伪证。在日本，"自重"（jicho）的字面意义是"自我尊重"，它的反义是"自我轻薄"。当一个人说"你要自重"时，它的意思是说："你必须精明地估计自身处境的所有因素，不做招致别人谴责或减少成功机会的事"，"尊重自己"常常是指与它在美国的意义恰好相反的行为。一个雇员说"我必须自重（jicho）"的意思是他不一定要坚持自己的权利，但一定不能对雇主讲不妥的话，以免给自己带来麻烦。"你要自重"作为政治用语时也有相同的含义，意思是一个"自重的人"如果轻率地陷入某种"危险思想"，就是不自重了。它没有在美国的那种含义，即尽管思想危险，但一个人的自尊要求他按照自己的观点和良心来思考。

"你要自重"是家长经常挂在嘴边训诫青年子女的话，它的意思是子女必须行事得体并达到他人的期望。女孩被指教坐时不能乱动，双腿应放在适当的位置；男孩则要锻炼身体，学会察言观色，"因为现在就是决定你将来的时刻"。当父母对他们说"你的行为不自重"，这种责备的意思是孩子的行为不得体，而不是说他缺乏坚持自己意见的勇气。

一个还不起债的农民对债主说"我应该自重些"，这并不意味着他责备自己懒惰或者讨好债主，而是说他本应该预料到不备之需并考虑周全。一个有社会地位的人说"我的自尊要求这样"，他的意思并不是说他必须达到坦率、正直的原则，而是在处理事情时他必须根据门第高低考虑周全，一切按身份行事。

一个实业家谈及自己的公司时说"我们必须自重"，意思是必须加倍审慎小心。一个人谈及为自己复仇时说"自尊的复仇"，这句话的意思并不是说"把炭火堆在仇敌的头上"，也不是打算遵守任何道德准则，这相当于说"我迫切需要完成一个完美复仇"，也就是说，此人小心翼翼地计划并考虑处境的所有因素。日语中语气最强烈的是"以自重加倍自重"，意思是谨小慎微，慎重到极致，不草率下结论，意思是思虑再三，以恰如其分的方式和付出达到目的。

所有这些关于"自重"的意思都符合日本人的人生观，即人生在世要根据"霍伊尔"规则小心谨慎。这种定义"自重"的方式不允许一个人为自己的失败找托辞，即使是善意的理由。每个行动都有其后果，每个人行动时不能不考虑这些。慷慨施恩是恰当的，但必须足够机智，预料到不会让受恩之人背负恩情债。批评别人是完全允许的，但如果必须这样做的话，就要承担因此而带来的怨恨的后果。美国传教士的讥笑受到年轻画家谴责，完全不是因为传教士是善意的。传教士没有考虑到他棋盘上的这步棋的所有含义，这在日本人看来完全是没有修养。

把慎重与自重完全等同，这就包含着悉心洞察他人言行的暗示，并且强烈地感受到别人在评价自己。他们说："由于有社会，所以要自重。""如果没有社会，就不必自重。"这些极端的表述是关于他人对自重的认同，丝毫不考虑个人对这些合理行为的认同。如同许多国家的俗语一样，这些说法夸大其辞，因为日本人有时像清教徒一样强烈地感到自己罪孽深重。尽管如此，这种极端的表述恰好指出了日本人的重点所在，即比起对"罪"的重视，他们更重视"耻"。

在人类学对不同文化的研究中，以"耻"为基础的文化与以"罪"为基础的文化的差别是一个重点。一个社会以绝对的道德标准施以教化，并以人们发展的道德感作为基础，这种文化可以定义为"罪感文化"。但是，和美国一样，这种社会中的人因为笨拙而自责时，即使他绝没有犯罪，仍然会感到羞耻。他会因为衣着不得体或言辞失当而感到极度懊恼。在"耻"作为主要约束力的文化中，对那些我们认为会产生负罪感的行为，他们则会感到懊恼。这种懊恼非常强烈并且无法像负罪感那样，可以通过忏悔和赎罪得以排遣。一个有罪的人可以通过坦白而减轻痛苦。坦白这种方式已被用于世俗心理治疗，许多宗教组织也运用它，虽然两者在其他方面少有共通之处。我们都知道忏悔可以解脱。但在以"耻"为主要约束力的社会，人们在公开自己的错误时，即使是向神父忏悔的信徒，也无法体验到解脱。只要不良行为未"公之于众"，他就不必懊丧，忏悔对于他来说只是平添烦恼。因此，耻感文化中并没有忏悔，甚至是对上帝的忏悔也没有。他们有为好运祈祷的仪式，却没有赎罪的仪式。

真正的耻感文化依靠外部的约束力来规范行为，它不像罪感文化那样，依靠内心对罪的惩罚。"耻"是对他人谴责的反应。一个人感到羞耻是因为受到众人奚落，或是因为受到嫌弃，或是因为他自己想象会受到讥笑。每种情况都是非常有效的约束力，但是它要求有旁观者在场。负罪感则不是这样。在有的国家，荣誉意味着按自我设计的蓝图生活，在这里即使没有人知道他的罪行，他也会饱受负罪感的煎熬，这种负罪感完全可以通过忏悔得到释放。

早期移居到美国的清教徒试图把他们的整个道德体系建立在"罪"的基础之上。所有的精神病学家都清楚现代美国人的道德感问题。在美国，羞耻感日益加重，而负罪感则没有以前那么极端，这在美国被解释为道德的松弛。这种解释虽然包含真理，但这是因为我们并不期望羞耻感成为道德的重心。我们也不把伴随耻辱而出现的、强烈的个人烦恼纳入我们基本的道德体系之中。

但日本人正是这样做的。未能做到善行的明确要求，未能平衡义务责任或未预见到意外事件是羞耻（haji）。他们认为羞耻是德行之本。一个对此敏感的人将会履行一切善行的准则。"知耻的人"有时被解释为"有德之人"，有时被解释为"重名誉的人"。羞耻感在日本伦理中的权威地位，与西方伦理中的"清白的良心"、"笃信上帝"、"回避罪恶"相同。因此，他们有足够的逻辑认为，人在死后不会受到惩罚。日本人——读过印度经典的僧侣除外——对那种前世功德、今生受报的轮回报应观念是很陌生的。除了少数皈依基督教者外，他们不承认死后报应及天堂地狱之说。

　　跟任何重视耻的部落或民族一样，"耻"在日本人生活中的首要地位意味着任何人都很注意自己行为的公众评价。他仅根据想象来推测这些评价是什么，但他会按照他人的评价来调整行为。当每个人都在同样的规则之下竞赛并互相支持时，日本人就会轻松自在地参与。当他们感到竞赛是在完成日本的"使命"时，他们就会十分狂热。当他们试图把这种德行输入到没有这种道德标准的外国时，他们就最易遭受攻击。他们"善意"的"大东亚"的使命失败了，许多日本人对中国人和菲律宾人的态度实在感到愤恨。

　　那些没有受到国家主义仇恨的煽动，而来到美国学习和经商的日本人，当他们试图在这个道德约束不是那么严格的国家生活时，常常深刻地感受到他们过于细致的教育是一种"失败"。他们感到日本的德行无法顺利输出，他们想说的重点不是那个普遍现象，即任何人想改变文化都很难。他们还想说的是，日本人适应美国式生活比他们所熟知的中国人、暹罗人适应美国式生活要困难得多。他们认为，日本人的具体问题在于，他们在成长过程中相信一种安全感，即依靠他人对循规蹈矩的微妙的认同感。当外国人对这些礼节不在意时，日本人就会感到困惑。他们想方设法寻找西方人生活中与日本人相似的细微礼节，找不到时，有的非常愤慨，有的则感到愕然。

三岛女士在她的自传《我狭窄的岛国》中，出色地描述了她在这种不太严格的道德文化中的体验。她渴望来美国留学，并说服了她保守的家庭，接受了美国奖学金的"恩惠"，她去了韦尔兹利学院。她说那里的老师和女孩极其友好，但这却使她感到更不安。"对完美操行的自豪感是所有日本人的共同特点，可是我的自豪感受到了极大的伤害。我在这里感到不知所措，而周围的一切好像在嘲笑我过去所受的训练，为此我感到懊恼。除了这种模糊而深刻的懊恼，我记不起其他的感情了"。她感到自己"像一个从其他星球上掉下来的生物，原有的思想和感情在这个世界上毫无用处。我所受的日本教育，要求每个动作都要端庄，每句话都要合乎礼数，让我对这种环境感到极度敏感，并在社交中十分沮然"。两三年后，她开始感到放松并开始接受别人的善意。她断定，美国人生活在她所谓的"优雅的亲密感"之中，但"亲密感在我二岁时被当作粗鲁的行为扼杀了"。

三岛女士把她所了解的日本女孩与中国女孩作了比较，她的评价表明了美国对她们的影响有多么不同。中国女孩所具有的"镇定沉着和社交能力是大多数日本女孩所不具有的，这些上流社会的中国女孩在我看来是地球上最优雅的生物，她们之中的每个人都具有近似于皇族的高贵仪表，仿佛她们就是这个世界的真正女主人。即使是在这个机械和速度高度发达的文明中，她们的优雅沉着也丝毫不为所扰，这与我们日本女孩的羞怯和过度敏感形成了鲜明的对比，显示出社会背景的基本差异"。

和其他日本人一样，三岛女士觉得她像一名将要参加网球联赛的专业球员，她的专业经验无用武之地，她感到她过去所学无法在新环境中得以施展。她所受过的专业训练毫无用处，美国人用不上这些？

一旦日本人接受了美国那种不太严格的行为规范，即使是在很小的程度上接受它，他们也感到再过日本那种规矩严格的生活是无法想象的。有时他们把过去的生活说成是失乐园，有时说成是"桎梏"，有时说成是"牢笼"，有时说成是栽着小树的"盆景"。只要这棵小松树的根受限于花盆，那它就是迷人的花园中的优雅艺术品；但一旦被移植到开阔的土地上，它就再也不能成为盆栽植物了。他们觉得他们自己再不可能成为日本花园中的装饰品，再无法达到往日的要求，他们最为深刻地体验到日本的道德困境。

第十一章

自我修养

一种文化的自我修养，对外国观察者来说，往往看似无关紧要。约束的手段是清楚明了的，但为什么要如此麻烦自己？为什么自愿受缚，为什么全神贯注于丹田，为什么从不花钱？为什么专注于这些苦行，而对局外人认为真正重要并需要训练的冲动毫无克制？当那些未学习过自我修养方法的外国观察者来到非常信赖自我修养的人们中间时，产生误解的可能性是非常大的。

在美国，自我修养的方法和传统相对落后。美国人的想法是，如果一个人预计他个人生活中可能实现的目标，为了达到选定的目标，必要时就会锻炼自己。他是否这样做，取决于他的抱负，他的良心或是维伯伦所说的"职业本能"。为了当足球运动员，他可以接受禁欲的生活方式；为了成为音乐家或事业上的成功，他可以放弃所有的娱乐。他的良心也会使他远离罪恶和轻浮的言行。但在美国作为技能训练的自我修养本身，不像算术那样，可以完全不考虑在实例中的应用。这种修行存在于美国时，是由欧洲某个教派的领袖或是传授修炼方法的印度教长老来教授的。甚至基督教的圣特丽萨或圣胡安所传授及实践的默想和祈祷式的宗教修行，在美国也近于绝迹。

但是日本人认为，无论是参加中学考试的少年，还是参加剑术比赛的成年人，抑或是一个过着贵族生活的人，除了应付考试而学习具体的知识外，都需要自我历练。无论他考试的结果多好，无论他的剑术多么高明，无论他多么注重细节，他都要把书籍、竹刀、公众形象放到一边，并接受一种特殊的训练。当然，不是所有的日本人都要进行这种玄奥的修行，即使是不进行这种修行的人也承认自我修养的术语和实践在生活中的地位。各个阶层的日本人根据一整套概念来判断自己和他人，这些概念依赖于普遍的自我克制观念。

日本人关于自我修养的概念可以分为两类。一类是培养能力，而另一类则培养比能力更多的东西。我把第二类称为"圆熟"。在日本将此划分为两类，目的是在人们心中产生不同的心理效果，形成不同的理论基础，并通过不同的标志加以识别。关于第一类自我修养能力的许多事例我已经在本书中描述过。士兵在平时演习的十六个小时的调遣过程中，只有十分钟的小憩时间，军官说："他们已经知道如何睡觉，需要训练的是如何不睡。"尽管在我们看来这是极端的要求，但它的目标只是培养有能力的行为。他所说的是一个在心理上为日本人广泛接受的原则，即意念应当超越几乎可以接受一切教育的身体，而身体本身的健康法则他们则予以忽视，并为此付出代价。日本人关于"人的感官"的整套理论都以此观念为依据：涉及到人生大事的问题，无论对健康多么重要的身体需求，无论身体本身是否允许或曾经培训，都必须绝对地服从于人生大事。无论个人修养要付出什么样的代价，都应显示出日本精神。

但是，这样表达日本人的观点有些过激。因为，"无论个人修养要付出什么样的代价"通常与美语中的"不惜以任何自我牺牲为代价"意思几近相同，它也常常意味着"以任何自我压抑为代价"。美国人关于修养的理论，是男女自幼就必须通过教育而社会化，不论它是外在强加的，还是内在良心的自我审查；也不论是自愿接受的还是权威强迫的。修养是一种压抑，个体会为这种对其愿望的压抑感到愤恨。他必须牺牲，并不可避免地产生反抗情绪。这种观点不仅为许多美国心理学家所持，也是家庭中父母养育每一代的哲学。因此，心理学家的分析对我们的社会来说蕴含着许多真理。到了时间"必须"让孩子睡觉，孩子从他父母的态度中懂得睡觉是一种自我克制。在不计其数的家庭中，孩子到了晚上都要吵闹一番以表示不满。他已是一个受到教育的美国儿童，应该知道睡觉是人"必须"做的事，却仍然抗拒。同样，他的母亲还规定他"必须"吃的东西，也许是燕麦粥、菠菜或是面包、橘子汁等等，但美国的孩子却学会反对这些"必须"吃的食物。他认为这些对他"有益"的食物口味不好。这在美国是习以为常的，在日本却少见，在欧洲某些国家，例如在希腊也是少见的。在美国，长大成人意味着可以摆脱食物上的束缚。成年人可以吃口感好的食物，而不用强迫吃对他"有益"的食物。

但这些关于睡眠和食物的观念，比起西方人的一整套"自我牺牲"的观念，显得微不足道。西方的标准信条是，父母为了孩子做出巨大的牺牲，妻子为丈夫而牺牲自己的职业，丈夫为了养家而牺牲自己的自由。在有的社会中，人们并不承认有自我牺牲的必要，这对美国人来说是不可思议的，但确有其事。在这种社会中，人们认为父母会自然地疼爱孩子，妇女喜欢婚姻生活胜过其他生活，男人从事他喜欢的职业来养家，比如当猎手或园丁。在这样的社会为什么还要谈自我牺牲呢？当社会强调这种解释，人们按这种解释生活时，几乎没有人会承认自我牺牲的观念。

在美国被认为是一个人为他人所做出的"牺牲"的事，在其他文化中都被视为互惠。它们或者是日后会得到回报的投资，或者是对既得恩惠的等值报偿。在这些国家，对待父子关系也是这样，父亲在儿子幼年时对他的照顾，儿子在父亲晚年以及身后进行回报。每件事务关系也是一种民间契约，但它要求保证对等，一方承担保护的义务，另一方承担服务的义务。只要认为对双方利益都有好处，任何一方都不会认为自己所承担的义务是"牺牲"。

当然在日本，为他人服务背后的约束力是互惠。无论是在种类和级别上，都要承担相辅相成的责任。因此，自我牺牲的道德地位与美国迥异。日本人一向反对传教士的自我牺牲的说教。他们极力主张，有德之人不应把为他人服务看成是压抑自己。一个日本人对我说："我们做你们认为是自我牺牲的事，是因为我们愿意这样做，或是因为这样做是有益的。我们并不为自己感到遗憾。无论我们实际上为别人做出了多大的牺牲，我们也不认为这是为了提高精神境界，或是我们将会得到'回报'。"像日本人这样以如此细致的相互义务来组织他们的社会生活，自然会觉得自我牺牲是无关紧要的事。他们强迫自己去履行极端的义务，但传统对互惠的认同，阻止他们产生"自我怜悯"和"自以为是"的感情，而这种感情在个人主义和竞争的国家里很容易出现。

因此，美国人如果想理解日本人平常自我修养的训练，就必须在我们"自我修养"的观念中动一个外科手术。我们要切除聚集在我们文化观念周围的"自我牺牲"和"抑制"的赘生物。在日本要把自己训练成一个优秀的运动员，日本人的看法是，一个人所经受的训练和打桥牌一样，不会意识到这是"牺牲"。当然，训练是严格的，但这是天经地义的事。小孩天性快乐，但却没有"体味人生"的能力。只有经过精神上的训练，人们才能获得完整的生活能力，并"获得人生况味"。这种说法通常被译为"只有这样他才能享受人生"（only so he can enjoy life）。自我修养能"修炼丹田"（自制力之所在），它使人生变得开阔。

日本"能力"方面的自我修养的基本原理是，它能完善人们对生活的驾驭能力。他们认为人们在新的训练中感到的急躁不久就会过去，但最终人们会喜欢它或放弃它。学徒要在他的商业上出色地发挥作用，少年要学习柔道，新媳妇要适应婆婆的要求。在训练的最初阶段，人们不习惯新要求而希望逃避修养，这些都是可以理解的。他们的父亲就会责备他们说："你到底想要什么？要体会生活，就要进行训练。如果放弃修养，以后自然不会快乐。如果发生这种不愉快的后果，我是不会反对众人的非议而袒护你的。"用他们经常所说的话来讲，修养就是磨掉"躯体之锈"。它使人如同快刀一样闪光，它当然也是他们所希望的。

所有这些都是强调自我修养给自己带来的益处，但它并不意味着日本道德经常要求的极端行为不是真正的严重压抑，也不表明这种压抑不会导致攻击性的冲动。这种区别是美国人在游戏和体育运动中可以理解的。桥牌冠军不会抱怨为玩好桥牌而要求他做出的自我牺牲，他也不会把为成为高手而付出的时间看成是"压抑"。然而，医生们说，在下大赌注或争夺冠军等情况下，需要注意力高度集中，这与胃溃疡和身体过度紧张之间不无联系。同样的情况也发生在日本。但对互惠观念的认同，以及日本人深信自我修养对自己有益，这是在他们看来容易接受的行为，对美国人来说却无法忍受。他们比美国人更关注力所能及的行为，而较少为自己找托辞，他们也很少为自己对生活的不满找替罪羊。当他们没有得到美国人所谓的"平均幸福"时也很少沉湎于自我怜悯。他们被训练得比美国人更关注"躯体之锈"。

在培养"能力"的自我修养之外，有一个更高的层面——

"圆熟"。日本人关于后者的技巧，西方读者仅凭阅读日本人所写的专著很难理解。而专门研究这个课题的西方学者对此也不重视，有时他们称此为"怪癖"。一个法国学者在著作中说他们完全是"蔑视常识"，说最讲究修养的教派禅宗是"一派严重的胡言"。但是，日本人要通过这种技巧达到的目标，并非无法理解。探讨这整个课题对我们了解日本人的精神机制启发很大。

日语中有一系列词汇用来表达自我修养达到"圆熟"者的精神境界。这些词汇有的用于演员，有的用于宗教信徒，有的用于剑术家，有的用于演说家、画家以及精通茶道的人。它们都有着大致相同的意思，这里我只用一个词"无我"，这个词在禅宗佛教的上层教派十分流行。关于"圆熟"境界的表达是指是意志与行动之间"丝毫无间"的经验，无论它是世俗的还是宗教的，就像电流从阳极直接流向阴极。没有达到圆熟境界的人，在意志与行动之间仿佛有一个绝缘体，日本人称之为"奉行自我"、"妨碍自我"，当这些通过特殊训练被去除后，"圆熟"者就全然意识不到"我正在做"，如同电流在电路中自由流动，游刃有余。这种境界即"一点"（One-pointed），行动完全与行为者脑海中所浮现的景象一致。

在日本，最普通的人也希望达到"圆熟"的境界。英国研究佛教的权威人士查尔斯·艾略特爵士讲述了一个女学生的故事：她向东京一位著名的传教士说想成为基督徒，当传教士问及原因时，她回答说她最大的愿望是乘飞机。接着传教士让她解释飞机和基督教之间有什么联系时，她回答说，她听说乘飞机必须有冷静和沉着应对的心态，而这只能通过宗教训练才能达到。她认为基督教也许是所有宗教中最好的，因此前来求教。

日本人不仅把飞机和基督教联系在一起，他们还把对"冷静和沉着应对的心态"的训练与考试、演讲、政治生涯联系起来。毫无疑问，培养"一点"的技能对他们来说，对从事任何事业都有益处。

许多文明都发展这种技巧，但日本人的目的和方法有其显著特征。因为这些训练技术许多来自印度瑜伽，所以尤其有趣。日本人的自我催眠、凝神、感官控制仍表明它与七五印度修行方法有血缘关系。它们在强调"空"、"静"、对同一句话的无限反复，以及凝神于某一选定之物上是一致的，甚至可以分辨出日本术语中来自印度的术语。但是，除了这些总体上的共同点以外，日本的教派与印度几乎没有共同点。

瑜伽是印度一个极端奉行禁欲主义的教派，它认为这是从轮回中获得解脱的方法。除了这种解脱（涅槃），人无法得到拯救，而解脱之路上的障碍则是欲望。这些欲望可以通过饥饿、凌辱、自我折磨等去除。通过这些方法，人可以超凡入圣，获得灵性，神人合一。瑜伽是弃绝与肉欲世界的联系和逃避虚无的方法，也是获得精神力量的方法。所受禁欲之苦愈甚，到达旅途目标的速度愈快。

这种哲学在日本是少见的。虽然日本是个佛教大国，但轮回的思想和涅槃的思想从没成为人们佛教信仰的一部分，这些教义只是被少数僧侣接受。但它们从来都没有影响民俗或思潮。在日本，人们并不因为生灵是人的转世而不杀生。而且日本的葬礼和生日庆祝也没有受到轮回转世思想的影响。轮回不是日本人的思维方式，涅槃也不是，不仅一般民众没有这种思想基础，僧侣们也对它进行改造。有学问的僧侣声称一个人如果"顿悟"了，那么他就"涅槃"了。"涅槃"就在此时此地，一个人能在松树和野鸟中"看到涅槃"。日本人对死后世界的幻想也很不感兴趣。他们的神话讲述神的故事而不讲鬼的生活。他们甚至拒绝接受人死后会受报应的思想。他们认为，任何人即使是身份最低微的农民死后也能成佛。日本人供奉在宗祠的家属灵位也被称为"佛"，再没有其它佛教国家会这样说了。如果一个民族如此大胆地称呼普通的死者，那么它不会追求涅槃这样艰难的目标，是完全可以理解的。既然一个人不管怎样都能成佛，那么他也就无需终身苦修以达到绝对静止的目标。

在日本认为肉体与灵魂不可调和的教义也是少见的。瑜伽是一种去除欲望的修行方法，而欲望存在于肉体。"人的感官"不是恶魔，享受感官的快乐是智慧的一部分。只有一种情况就是必须为人生的重大义务而牺牲它们。这一信条在日本人对待瑜伽修行方面，已经达到逻辑的极限：不仅要排除一切自我折磨的行为，而且它在日本连禁欲主义的苦行也算不上。"顿悟"的人过着隐遁的生活，虽然他们被称为隐士，通常仍与妻儿住在风景秀美的地方，过着安逸的生活。娶妻生子与超凡入圣毫无冲突。在佛教流传最广的教派中，僧侣都会娶妻并养家。日本人从来都认为灵肉不容的理论难以接受。顿悟入圣在于自我修养的冥思和简朴的生活，而不在于穿着褴褛衣衫或回避自然之美。他们的圣人可以终日吟诗、品茶、赏月、观花，禅宗甚至指教其信徒避免"三缺：缺衣、缺食、缺眠"。

瑜伽哲学的终极信条是一种神秘主义的修行，它能使修行者进入一种天人合一的狂喜之境。这种信条在日本也很少见，无论原始民族、穆斯林阿訇、印度瑜伽修行者或中世纪基督徒，虽然宗教教义有所不同，但他们几乎都认为他们能达到"天人合一"这种"世间没有"的喜悦体验。日本的神秘主义修行方法并不是神秘主义的。这并不表明他们不能入定，事实上他们可以。但他们把入定看成是训练一个人达到"一点"的方法，而没有把它描述为狂喜状态。其他国家的神秘主义者认为入定时五官停止活动。禅宗却不这样认为，他们认为入定使"六官"达到一种极其敏锐的状态。第六感官位于心中，训练使它超越其他五官，但味觉、触觉、视觉、嗅觉以及听觉在入定时分别受到特殊的训练。禅宗的一项训练就是分辨无声的足音，并能准确的跟随其踪迹，或是在入定状态中仍然能辨别诱人食物的气味。嗅、视、听、触、尝"有助于第六官"，人要在这种状态下使"各种感官敏锐"。

这在其他任何注重超感官的宗教中都是不常见的。即使是在入定状态下，修禅者也不想超脱于自身之外，而像尼采描述古希腊人时所说"保持自己并保持市民的名义"。在日本许多伟大的佛法大师的言论中，对这种见解有很多生动的阐述，最为精妙的是高僧道元，他是十三世纪曹洞宗的伟大创始人，曹洞宗至今仍是最大最具影响力的禅宗教派。他在谈及自己的顿悟时说："我只意识到我水平的眼睛横在垂直的鼻子上面……在禅宗的经验中这并不神秘，犹如时间自然流逝，日出于东，月没于西。"禅宗著作也不承认入定体验除了能培养自我修养的能力外还能培养其他能力。一位日本佛教徒写道："瑜伽派认为通过冥想能获得广泛的超自然能力，而禅宗从不说这种荒谬的话。"

因此，日本清除了作为印度瑜伽修行基础的各种设想。酷爱设置限制的日本令人想起古希腊人。日本人把瑜伽修行理解为完善自我以达到自身与其行为之间毫发无间的"圆熟"境界的方法。这种训练是自力且有效的，它的回报即在此时此地，因为它使人们应对各种情况的努力恰如其分，不多不少；并使他能控制恣意任性的思想，这样无论是外部危险还是内部激情，都不会使他有失镇定。

这种训练对于武士和对于僧人同样有益。正是日本的武士使禅宗成为他们自己的信仰。任何地方都很难找到日本这种神秘主义，它无法获得神秘体验，而且被武士用来训练徒手搏斗。这种情况从禅宗在日本产生影响开始就已经存在。十二世纪，日本禅宗的鼻祖荣西的巨著就命名为《兴禅护国论》。禅宗被用来训练武士、政治家、剑术家和大学生，以实现非常世俗的目的。正如查尔斯·艾略特爵士所说，中国禅宗史上没有任何迹象表明日后它会在日本成为军事训练的手段。"禅宗和茶道、能乐一样，成为明显具有日本特色的文化。人们可以想象，在十二、十三世纪这样混乱的时代，这种沉思又神秘的教义，主张直接从精神中寻找经验而不是从经文中寻找真理，它可能会在逃避尘世灾难的禅院中盛行，而不会被武士阶级接受为最喜欢的生活准则，但实际上则不是这样。"

日本许多教派，包括佛教和神道，都极其强调神秘的冥想、自我催眠和入定。但其中有些教派称这种训练的结果是天神显灵。其哲学基础是"他力"，即他人的帮助，也就是慈悲佛陀之力。其中以禅宗为最，它只依靠"自力"，自己帮助自己。他们教导说潜力在自身之内，只有通过努力才能激发。日本武士发现这与他们的性格完全吻合，无论是作为僧侣、政治家还是教育家，他们所从事的所有这些工作，都以禅宗修行来支持坚固的个人主义。禅宗的教义非常明确："禅之所求，即自身之光明，不容阻碍。除道中障碍……遇佛杀佛，遇祖灭祖，遇圣剿圣。唯此可得救。"

探求真理之人必不能接受间接经验，间接经验包括佛陀指教、经文或神学。"三乘十二因缘教尽是一堆废纸。"人们能从中受益，可是这与灵光一闪的顿悟毫无关系。有一本禅宗对话录中记载，弟子请禅师解释《法华经》，禅师的阐释十分精妙，但弟子却失望地说："为什么我原以为禅师都蔑视经书、理论和阐释的逻辑体系？"禅师回答说："禅，并非一无所知，而是相信真知在经文之外。汝并未告诉我欲求知，而仅希望求得经文的解释。"

禅师所传授的传统训练是想教给弟子如何求得"真知"。训练可能是身体上的，也可能是精神上的，但它最终必须对习禅者的内在意识发生作用。当然，剑术家必须不断地学习和训练正确的击刺方法，但这种熟练只属于"能力"的范畴，此外他还必须学会"无我"。他首先必须站在水平地板上，把注意力集中于支持身体的几英寸地板上。然后他占据的这个平面逐渐升高，直至他学会轻易地站在四英尺高的桩子上，如同站在庭院中一样。当他能绝对安全地站在桩子上时，他就"了悟"了。他的思想也不再会因为眩晕和害怕跌落而走神。

日本的立桩术是把人们熟悉的西方中世纪的圣西蒙派的立柱苦行，改造成一个有目的的自我训练，它已不再是一种苦行了。无论是禅宗修行还是普通的农家练习，日本的各种身体训练都经过了这种改造。世界上许多地方跳入冰水中或站在瀑布下都是普通的苦行。有的是为了磨练肉体，有的是为了祈求神的怜悯，有的则是为了促使进入入定状态。日本人最喜爱的耐寒苦行就是黎明前站在或坐在冰冷的瀑布下，或是在冬夜往自己身上泼三次冷水，但其目的是训练意识清醒的自我，直到他不再觉得不适。佛教信徒的目的是为了训练自己的冥想不受干扰。当他已不意识到冷水的刺激，寒冷凌晨中身体也不再颤抖时，那么他就达到"圆熟"之境了。此外没有任何获益。

同样，精神训练也必须是适合自己的。一个人可以请教禅师，但老师不能进行西方意义上的"教导"，因为弟子从身外之物学来的东西毫无用处。禅师可以和弟子进行讨论，却不会温和地引导他达到一个新的智慧境界。最严厉的师傅被认为是最有助益的。如果禅师没有任何警告突然打破弟子奉到自己嘴边的茶杯，或者绊倒他，或者用铜如意敲他的指关节，这种惊骇可以激发他顿悟，因为这样可以打破他的自满。记录僧侣言行的书籍中充满了这类故事。

为了促使弟子不顾一切地努力了悟，最爱用的手段是"公案"，字面意思是"问题"。据说这种问题有一千七百个，禅僧轶事中记载花七年时间来解决其中之一的故事并不鲜见。这些公案并不一定有合理的解答。比如："想象孤掌独鸣"，"感知未生育之前的母亲"，还有"承载沉重肉身者谁？""何人朝我走来？""万物归一，一归何处？"此类禅宗公案十二、十三世纪曾在中国使用过，日本引进禅宗时采纳了这种方法，但在中国大地上，它们已经不复存在了。在日本，公案是达到"圆熟"境界的重要训练部分。禅宗语录对此极其重视，"公案中珍藏着人生困境"。他们说一个正在思考公案的人像"跑进死路的老鼠"，或是像"被炽热铁球卡住喉咙"的人，"叮铁块的蚊子"。他无法自制，加倍努力，最后，心灵与公案之间的"观我"屏障被除去了，二者以闪电式的速度化解，他"顿悟"了。

在描述了这种高度紧张的精神努力之后，想在书中找到他们费尽心力而获得的伟大真理，则会令人失望。例如：南岳花了八年时间思索"何人朝我走来？"最终他明白了。他的结论是："言此地有某物之时，即忽略了全部"。然而，在这种启示中也有一个大体模式，从以下对话中可以窥知一二：

僧问：我如何能跳出生死轮回？

师曰：谁人约束了你（谁把你捆绑于轮回之上？）

他们说，他们之所学，用一句中国名言来说就是"骑着牛找牛"。他们要学的"不是网罟，而是这些工具所捕获的鱼兽"。用西方的专用术语来说，他们所学的是二难推理，其两格皆与题旨无关。他们所学的是"如果心灵之眼打开，现有手段即可达到目标。一切都是可能的，无需借助他力，只需反求诸己"。

公案的意义并不在于这些寻求真理者所求之真理，这些神秘主义真理世界各地都有，它的意义在于日本人如何构想寻求真理的方法。

公案被称为"敲门砖"，而门则开在蒙昧天性周围的墙壁上。人的天性担心现有手段是否充足，幻想自身处于无数监视者的褒贬之下。这堵墙是所有日本人感觉深切的"羞耻"之墙。一旦用砖把门砸开，人们就丢掉砖而进入自由天地了，也不再需要解决公案了。功课修完了，日本人也就从道德困境中解脱了。他们在绝境中挣扎，为达到"训练目的"而变成"叮铁牛的蚊子"，最后他们发现在"义务"与"情理"之间，"情理"与"人的感官"之间，"正义"与"义务"之间，根本就没有绝境。他们找到了出路，获得了自由，并一次充分"体验"人生。他们达到了无我之境，他们的修养成功达到了"圆熟"的境界。

禅宗大师铃木大拙把"无我"描述为"无觉的喜悦之境"，"游刃有余"，"观我"消失了，人"失去自身"，也就是说他不再是自身行为的旁观者，两者的冲突不可避免，因为作为行动者（自我）希望摆脱作为旁观者的自我束缚。因此，在顿悟之时，弟子会发现并没有作为旁观者的自我，没有"未知或不可知的灵魂实体"，只有目标和实现目标的行动，除此以外皆不存在。研究人类行为的学者可以把这种表达加以改述，以更明确地指出日本文化的特性。像小孩子一样，一个人受到严格的训练以观察自己的行为，并根据人们的评论做出判断，他作为观察者的自我相当脆弱。为此自己的灵魂达至三昧境界，他就要去除这个脆弱的自我，而不再意识到"他之所为"。这时，对自己的心性得到修养的感觉，就像习剑术者感觉自己可以站在四尺高的柱子上而不担心坠落一样。

画家、诗人、演说家、武士都以相似的训练达到"无我"。他们所达到的并不是"无限"，而是一种彻底不被打扰的、对有限之美的感受力，或者是对方式和结果进行协调，用"不多不少"恰到好处的努力以达到目标。

即使是一个完全没有受过训练的人也会有一种"无我"体验。当正在观赏音乐和歌舞伎的人完全陶醉于剧情而忘我时，也可以说他失去了作为"旁观的自我"。他的手掌湿润了，他感到了"无我之汗"。"对其所为他毫无意识"，在其意识中已经没有旁观的自我。当一个高射炮炮手全神贯注完全忘却了周围世界的时候，他同样会出"无我之汗"，并已失去旁观的自我。日本人的观点是，所有在这些情况中达到这种状态的人，都处于他们的最高境界。

这种概念有力地证明了日本人的自我警觉和自我监视给他们制造的压力有多么沉重。日本人说一旦这种压抑消失了，他们就会自由而高傲。而美国人则把他们"旁观的自我"与内在的理性原则等同起来，从而以面临危难能"保持机智"而自豪。

日本人却要靠灵魂升华到三昧境界，忘掉自我警觉的束缚，才能摆脱困扰。正如我们所见，他们的文化不断向灵魂提出谨小慎微的要求，而日本人则反驳说，这种心理重负一旦消失，人的意识将会达到一个更高效的层次。

日本人表达这种信条的最极端方式（至少对于西方人来

说）是他们高度赞赏"像死人一样活着的人"，按字面意思翻译成西方语言是"活着的尸体"，而在所有西方的语言中"活着的尸体"都是很恐怖的说法。我们所说这句话的意思是指一个人已经死去，而身体却留在人间，不再有任何生气。日本人"如同死人一样活着"的意思是一个人已经达到"圆熟"之境。它通常用作日常劝勉。鼓励为中学毕业考试感到担心的少年时，他们会说："把自己当作死人，这样你就能轻易通过了。"为激励正在进行重要商业交易的人，他的朋友会说："当自己死了一样。"当一个人正遭受严重的精神危机，看不到前途时，他通常会以"像死人一样活着"自勉以摆脱困境。战败后被选为贵族院议院成员，伟大的基督教领袖贺川（丰彦）在其自传中写道："像被恶魔缠身一样，他每天都在房间里哭泣。他那痉挛般的抽泣已接近于歇斯底里。他的痛苦持续了一个半月，而生命最终战胜……他将会以死的勇气去生活……他将像活着的死人一样面对冲突……他决定成为一个基督徒。"战争期间，日本士兵常说："我决心像死人一样活着，以此报答皇恩。"这涉及一些具体行为，如出征前为自己举行葬礼，发誓把自己的身躯"变成硫磺岛上的尘土"，决心"与缅甸的花瓣一起飘零"。

以无我为基础的哲学也是"像死人一样活着"态度的潜在原因。在这种状态下，人们消除了所有的自我警觉以及一切恐惧和谨小慎微。他变成和死人一样，也就超越了考虑行为是否得当的需要。"死人"不再报恩，他们自由了。因此说"我将像死人一样活着"就意味着矛盾冲突的终极解脱，意味着"我的精力和注意力已能自由地超越一切，可以勇往直前地奔向目标了。作为旁观者的自我以及一切恐惧的重负在我和目标之间已经不存在了。在我过去的奋斗中困扰着我的紧张感、压力和抑郁倾向都随之消失，现在对于我来说一切皆有可能"。

　　用西方语言来说，无我体验中的日本人和"像死人一样活着"的日本人都除去了意识。他们所谓的"旁观的自我"、"妨碍的自我"是判断一个人行为的检查员。这鲜明地指出了西方人和东方人心理上的差异。当我们说一个美国人没有良心，意思是指他在干坏事时不再产生罪恶感。而当日本人使用同类词时，意指此人不再紧张，不再受妨碍。在美国是指坏人，在日本是指好人、有修养的人、能最大限度发挥其能力的人，是指能完成最难的工作和致力于无私行为的人。美国人对善良行为的最大约束力是罪恶感，如果一个人变得无情，他将不再有罪恶感而成为反社会的人。日本人对这个问题的分析则有所不同。根据他们的哲学，人在灵魂深处是善的。如果他的内心冲动能直接转化为行动，他就能轻易地实践德行。因此，他通过自我训练，清除自我审查的羞耻感，以达至"圆熟"。只有那时他的第六感官才能毫无障碍，这是他从自我意识和冲突中的最终解脱。

　　日本人的这种自我修养的哲学，如果从日本文化中的个体人生体验中分离出来，那么它就让人疑惑不解。我们已经了解到，他们的"旁观者的自我"带来的耻辱感施加给日本人多么沉重的压力，而他们精神机制的哲学的真正意义，如果不描述一下日本人的育儿方式就难以说清。在许多文化中，传统的道德约束不仅通过语言，也通过长辈对其子女的态度传递给下一代。外国人如果不研究儿童的养育方式，就很难理解一国的主要人生问题。到目前为止，我们只从成人的角度描述了该国对人生的种种设想，他们的育儿方式将使我们对此有更清晰的认识。

第十二章

儿童学习

日本人的育儿方式是善于思考的西方人想象不到的。美国父母培养他们的孩子适应生活，很少像日本那样谨慎和坚忍，然而他们一开始就向孩子证实，他们小小的愿望并非是世上至高无上的。我们很快为他制订一个授乳和睡眠的时间表，时间未到之前，无论他怎么大哭大闹，都必须等待。不久以后，母亲会打他的手，让他不要吸吮手指和触摸身体的其它部位。母亲常常不在身边，外出时也把孩子留在家里。尽管他此时还不喜欢其他食物，也必须断奶，如果是用奶瓶喂养，也必须停止使用它。他必须吃对身体有益的食物，不按规定就要受到惩罚。美国人会很自然地想到，日本幼儿会受到加倍严格的训练，因为他们长大以后必须克制自己的欲望，小心谨慎地遵守如此严苛的道德准则。

但是，日本人的做法并非如此。日本人的人生轨迹与美国人的恰好相反。它是一个巨大的浅U字形弧线，它允许幼儿和老人享有最大限度的自由和放任。幼儿时期过后，约束开始缓慢增加，直至结婚前后个人自由达到最低点。低谷在成年时期持续许多年，在六十岁之后又逐渐上升，此时人又几乎可以像幼儿一样不受羞耻感的困扰。在美国，这条曲线刚好颠倒过来，对婴儿的教养比较严格，它随着孩子逐渐成长而放松，直至他找到一份能够自立的工作，建立自己的家庭，就几乎可以不受任何约束了。我们美国人壮年期拥有最大的自由和主动性，直到他精力衰退，办事能力下降，需要依赖他人时，约束再次出现。美国人甚至很难想象按照日本人的模式安排人生，在我们看来，那样似乎是脱离实际的。

但是，无论是美国人还是日本人的人生曲线，事实上都确保个体在壮年时期能积极参与本国文化。在美国，我们依靠增加个体壮年期的选择自由来确保它，而日本人则依靠最大限度的束缚个体，尽管此时他的体力和谋生能力最强，却无法使他成为自己生活的主宰。他们深信束缚是良好的训练（修养），它所产生的结果是自由所无法达到的。但日本人在其最富有创造力的时期对束缚的增加绝不是对整个人生的束缚。童年和老年是"自由地带"。

真正娇纵孩子的人都非常希望要孩子。日本人正是这样。美国父母要孩子首先是因为爱孩子也是一种快乐，但日本人想要孩子的另一些原因在美国却无足轻重。日本父母需要孩子，不仅是情感上的需要，也是因为他们如果未能传继血脉，则是人生的失败。所以每个日本男子都要有自己的儿子，需要他在自己死后，每日在客厅的神龛前拜祭，需要他传续家族的血脉，维护家族的荣誉和财产。由于传统的社会原因，父亲需要儿子的程度几乎和幼儿需要父亲一样。儿子将来会接替父亲，但这并不意味着取代父亲，而是使他安心。父亲在一些年里继续管理家务，然后把管理权交给儿子。如果他无法将管理权交给儿子，那么他自己的角色就毫无意义。这种深厚的延续性意识使成年的儿子对父亲的依赖不像在西方国家那样会感到羞耻，即使这种状况持续的时间要比美国长得多。

女人需要孩子也不仅是为了满足情感需要，而是因为只有当了母亲，她才有地位。无子女的妻子在家庭中的地位最不稳定，即使她没被抛弃，她也永远无法指望成为婆婆，对儿子的婚姻和儿媳妇行使自己的权力。她的丈夫会收养一个儿子来传继血脉，即使如此，按照日本人的观点，无子女的妻子仍然是个失败者。日本女人都希望自己能多生孩子，二十世纪三十年代前半期，日本平均出生率为31.7‰，甚至比多子女的东欧国家还高，而美国1940年的出生率为17.6‰，日本母亲生孩子的年龄很早，多数是在19岁就生孩子。

在日本，分娩和性交一样隐秘，在分娩时女人不能喊叫以免让人知道。母亲必须提前为婴儿准备好一张小床和新铺盖，婴儿没有新床不吉利。即使是贫苦家庭，他们也要把被面和被芯洗净翻新，作为"新"被。小被褥也不能和大人的被褥一样僵硬，而且更轻些。因此他们说婴儿在自己的床上睡得更舒服。但分床睡觉的根据仍然是一种"感应巫术"，即新人必须睡新床。虽然婴儿的床离母亲的床很近，但直到婴儿长大懂得要求与母亲同睡时，才和母亲睡在一起。他们说大约在一岁左右，婴儿才会提出这种要求，这时婴儿才睡在母亲的怀抱中。

婴儿出生后头三天不喂奶，因为日本人要等待真正的奶汁流出。此后婴儿可以在任何时候吮吸乳房，或是为了吃奶或是为了舒服。母亲也喜欢给婴儿喂奶。日本人认为哺乳是女人最大的生理快乐，婴儿也很容易学会分享这种快乐。乳房不仅供给营养，它也是快乐和舒适的源泉。婴儿出生后的一个月或者被放在小床上睡觉，或者被母亲抱在怀中，只有在大约三十天时，婴儿被带到当地的神庙参拜后，人们才认为他的生命已牢牢固定于身体，这样带着他自由外出才是安全的。一个月后，他被母亲背在背上，一条双肩带系在他的手臂和屁股下面，然后穿过母亲的双肩，系在腰前。天气寒冷时，母亲则用外套把婴儿裹好。家中年纪大些的孩子，无论男孩女孩，甚至是在玩垒球或跳房子的时候都背孩子。农村居民和穷人家庭尤其依靠孩子照顾孩子，"像日本幼儿那样生活在人群中，他们很快就会变得聪明有趣，似乎也同样在玩着背着自己的大孩子正在玩的游戏，和他们一样快乐"。日本婴儿的四肢伸开绑在背上与太平洋岛屿和其他地方通行的用披肩背婴儿的做法很相似，这造成了婴儿的被动性。用这种方式背着的婴儿和所有成年日本人一样，能够在任何地方以任何方式睡着。但日本人的捆绑方式不至于像用披肩或包袱带婴儿那样，完全造成被动性。婴儿"会像小猫一样紧紧抱着别人的背，系着他的背带足够安全，但婴儿依靠自己的努力获得一个舒适安全的姿势，他很快就能掌握很多趴在背上的技巧，而不只是绑在别人肩上的包袱。"

母亲工作时把婴儿放在床上，上街时则把他背在背上。她和婴儿讲话，哼着小曲，并让他做各种礼貌动作。她还礼时，也晃晃婴儿的头和肩，这样他也行礼了。婴儿总要学着和大人一样。每天下午，母亲都带他一起沐热水浴，把他放在膝上逗他玩耍。

三四个月大以前，婴儿都要系上尿布。它是一种很沉重的布垫，日本人常抱怨他们的罗圈腿是因此造成的。婴儿三四个月大时，母亲开始教他便溺，估算好他需要便溺时，就把他抱到户外。常常吹着低沉单调的口哨，等待他便溺。孩子也懂得这种听觉刺激的目的。人们都认为，日本婴儿和中国婴儿一样，很早受到便溺的训练。如果婴儿尿床，有的母亲就会拧婴儿的屁股，但一般只是训斥一番，并更频繁地把这个难教的婴儿抱到户外教他便溺。婴儿如果拉不出来，母亲就会给婴儿洗肠或服泻药。母亲说这样会使婴儿舒服些。婴儿懂得如何便溺后就不必再系粗厚不适的尿布了。日本婴儿一定会觉得尿布不舒服，不只是因为它重，而且还因为他们没有在婴儿尿湿后及时换尿布的习惯。但是婴儿太小，还无法认识到学会便溺与不系尿布之间的关系。他们只体验到这种必须坚持的常规无法逃避。此外，母亲抱婴儿便溺时要尽量让他离身体远点，抱紧点。这种强迫性的训练为孩子成年以后接受日本文化中更微妙的强制力作好了准备。

日本的婴儿常常在学会走路之前学会说话。爬是不会受到鼓励的。传统的看法是在周岁之前不必站起来走路，过去母亲还常常阻止婴儿的这种尝试。近十几年来，政府在其发行的廉价的、普及的《母亲杂志》中宣传应鼓励婴儿学会走路，这才逐渐普及。母亲在婴儿手臂下套一个绳圈，或用手护着婴儿。但是婴儿仍想早些学说话。当婴儿开始讲话时，大人们逗婴儿时所讲的话开始变得有目的了。他们不让婴儿从偶尔的模仿中学习说话，而是教婴儿词语、语法和敬语，婴儿和大人都很喜欢这种活动。

　　日本孩子学会走路以后会在家里做许多恶作剧。他们会用手指捅破纸墙，或掉进地板中央的火盆里。大人们对此不满，就夸大房子中的危险，说站在门槛上是危险的，必须坚决禁止。日本的房子没有地下室，是用托梁架在地面上的，即使是一个孩子踩在门槛上，家里人也会严重地感到整个房子会变形。不仅如此，孩子不能踩或坐在两张床席（榻榻米）的连接处。床席的大小都是标准的，房间被称为"三席间"或"十二席间"。他们经常告诫孩子，古时的武士经常从房子下面用他们的刀从两席之间将人刺死。只有厚软的床席才是安全的，两席接缝处则很危险。母亲经常用"危险"、"不能"这类带有感情色彩的词来劝诫孩子。第三个常用的劝诫词是"脏"。日本家庭的整洁是广为人知的，孩子们从小就受教育要重视它。

　　在下一个婴儿出生之前，多数日本婴儿还没有断奶。但是政府近来在《母亲杂志》上提倡八个月时断奶。中产阶级的母亲经常这样做，但它还远未成为日本人的习惯。日本人认为哺乳的确是母亲的一大乐事。那些逐渐采纳新习惯的人们认为缩短哺乳期是母亲为了孩子的健康所做出的牺牲。她们接受了新的宣言"长期哺乳的孩子身体弱"以后，就批评不让孩子断奶的母亲自我放纵。她们说："她说无法让婴儿断奶，只是因为她下不了决心，她自己想继续这样，是为了自己更快乐。"由于存在这种态度，八月断奶未能普及则是很容易理解的。推迟断奶还有一个现实原因。日本人没有给刚断奶的婴儿提供特殊食物的习惯。他们会喂断奶早的孩子吃稀粥，但通常情况是直接从母乳转向成人食品。日本食谱中没有牛奶，他们也不为婴儿准备特殊的蔬菜。在这种情况下，人们有理由怀疑政府所宣传的"长期哺乳的孩子身体弱"是否正确。

婴儿往往在能听懂别人说话以后断奶。在餐桌上，他们坐在母亲的腿上，由母亲喂一点食物。断奶后婴儿的食量会增加。这时一些婴儿的喂养会成为问题，对于因下一个孩子出生而必须断奶的婴儿来说，这种现象就更容易理解了。母亲经常给他吃些甜食，以让他不要恋奶。有时母亲会在乳头上抹点胡椒粉，但所有的母亲都会嘲弄他说如果他还要吃奶就证明他还是个小宝宝。她会说："看看你表弟，他是大人了，他和你一样大却不要吃奶了。""那个小男孩正在笑你呢！因为你也是个男孩却还要吃奶！"两三岁甚至四岁的孩子如果还要母亲的乳房，一发现大点的孩子走过来，就会马上松开，并佯装没这回事。

用这种讥笑的办法敦促孩子长大的做法不仅限于断奶。从孩子能听懂别人讲话时起，这种方法就运用在各种场合。母亲会对哭鼻子的男孩子说"你又不是个女孩"，"你是个大人了"，或者说："看那个弟弟，他就不哭。"当客人带小孩来访，母亲会当着自己小孩的面，爱抚客人孩子，并且说："我要去养一个这样的孩子，我就喜欢这种聪明听话的孩子。你一点也不像和你一样大的孩子。"那么她自己的孩子就会扑到她怀里，一边用拳头打妈妈，一边哭着说："我不，我不，我们不要养其他的孩子了，我听你的话！"当一两岁的孩子吵闹或不听话时，母亲会对男客人说："你想把这个孩子带走吗？我们不要他了。"客人也会扮演这个角色，准备把孩子带走。孩子就会哭喊着叫母亲来救他，并十分气恼。当她认为这种逗弄起了作用，就会温和地把孩子拉回来，要他坚决答应以后一定听话。这种小戏剧有时也演给五六岁的孩子看。

这种逗弄还有其他形式。母亲会站到丈夫身边对孩子说："我不爱你，我爱你爸爸，你爸爸是个好人。"孩子就会变得非常妒忌，要把父亲和母亲分开。妈妈就说："你爸爸不会在房子里乱喊乱叫，也不会满屋子里跑。"孩子就会反对说："不是，不是，我也不会那样做了，我是好孩子，那现在你爱我吗？"戏演足了，父母相视而笑。他们也会像逗弄儿子一样逗弄女儿。

这种经验为日本人成年后如此明显地害怕受到嘲笑和排斥

提供了肥沃的土壤。我们无法说出小孩子多久才能明白这种逗弄是拿他们开玩笑，但他们迟早会懂的。他们明白的时候，这种害怕受人嘲笑的意识与儿童对失去一切安全和亲密的恐惧感是一样的。成年以后受到嘲笑时的感觉仍留有童年时期的阴影。

这种逗弄之所以对二到五岁的孩子造成了这么大的惊恐，是因为家庭是安全和自由的天堂。父亲和母亲在体力和脑力上都有绝对的分工，很少以竞争者的姿态出现在孩子面前。母亲和祖母承担家务和管教孩子。他们都毕恭毕敬地伺候和尊重父亲。家庭等级中的特权顺序是明确的。孩子们会明白，长辈有特权，男性比女性有特权，兄长比弟弟有特权。但是，在人一生中的幼儿时期不受所有这些关系的束缚，对于男孩尤其显著。对男孩女孩都一样，母亲永远是使他们得到极度满足的源泉，一个三岁的男孩可以向母亲大发脾气。他永远不能对父亲有任何不敬，但当他感觉受到父母嘲弄或要被"送给别人"时，他可以直接向母亲和祖母发泄怒火。当然，不是所有的小男孩都脾气暴躁，但在农村和上层阶级的家庭中，人们都把它看成是三到六岁儿童正常生活的一部分。小孩用拳头打妈妈，哭闹，极尽暴力之能事，最后还要把母亲所爱惜的发型搅乱。他的母亲是女人，而即使他只有三岁，他也是男人。他能从暴力发泄中得到满足。

孩子对父亲只能表示尊敬。父亲是家庭等级中地位最高的榜样，用日本人的常用语来说是"为了修养"，孩子必须学会对父亲表示应有的尊敬。日本父亲对子女的管教比任何西方国家的父亲都要少。对子女的教育由妇女来承担。一个简单安静的凝视或简短的训诫常常表明了他对孩子的所有要求，由于这很少见，所以孩子会很快服从。他会在空闲时为孩子做玩具。孩子学会走路很久以后，父亲有时像母亲那样抱抱孩子。对于这个年龄的儿童，父亲很少承担育儿责任，而美国父亲一般把这种责任托付给妻子承担。

孩子们和祖父母一起时最自由，虽然他们也是受尊敬的对象。祖父母不扮演管教孩子的角色。但当他们对子女教育的松懈感到不满时，他们就会承担起这种责任，这也会产生许多摩擦。祖母常常一天二十四小时陪在孩子身边。在日本家庭中，祖母和母亲争夺孩子的事极其普遍。从孩子的角度看，他受到双方宠爱；从祖母的角度看，她经常用孙子来制约儿媳妇。年轻的母亲一生中最大的义务就是使婆婆满意，因此无论祖父母多么宠孩子，她都不能反对。母亲刚说完他们不应再吃糖了，祖母却马上又给，还含沙射影地说："奶奶的糖果不是毒药。"在许多家庭中，祖母给孩子的礼物，往往是母亲弄不到的，并且她们比母亲有更多的闲暇带孩子玩。

哥哥姐姐也会听从父母的话而宠爱弟妹。日本人能够充分地意识到这种危险，即下一个婴儿出生时，孩子会感到"失宠"。失宠的孩子很容易联想到正是这个新生儿的到来使他必须放弃母乳和睡在母亲身边。在新婴儿出生之前，母亲就会告诉孩子他马上会有一个活娃娃，而不是"假"玩具娃娃了。以后他只能和爸爸一起睡了，而不再和妈妈一起睡了，并把这描述为一种特权。孩子们也为新生儿的出生做准备。他们经常为新生儿的出生感到由衷的激动和高兴，但这种感觉很快消失，因为一切都在预料之中，所以也并不感到特别难受。孩子总是抱起婴儿对母亲说："我们把宝宝送给别人吧！"妈妈则回答说："不行，这是我们的宝宝呀，我们都要好好对他，瞧，他喜欢你呢，你得帮忙照顾宝宝！"这种情景有时反复出现许多次，但母亲似乎并不怎么担心。在较大的家庭中，对这种习惯性的情况会进行协调：孩子们会按间隔次序结成更亲密的关系，老大照顾老三，老二照顾老四。弟妹们也是这样互相照顾。在七八岁之前，孩子的性别对这种安排的影响很少。

所有的日本孩子都有玩具。父母及亲友都送孩子布娃娃及饰物，有的亲自做，有的买。穷人们则几乎不花钱。小孩子用这些玩具过家家、举行婚礼、过节日等等。首先会为"真正"的大人是怎么当的争论一番，有时交由母亲作裁决。发生争吵时，母亲会说："大人有大量"，并叫大孩子让着小孩子。常说的话是"为什么不以败为胜？"三岁大的孩子很快就会明白，母亲的意思是先把玩具给小孩子，他一会就玩腻了又会要其他的东西，这样你放弃的玩具还是你的。或者在玩主仆游戏时，母亲会让大孩子当仆人，说大家都高兴，你也有乐趣。"以败为胜"在日本人的生活中，即使是在成年以后的生活中，都是一条极受重视的原则。

在儿童的养育过程中，除了训诫和逗弄的方法以外，分散和转移孩子的注意力也具有重要的地位。甚至不停给糖吃也被普遍认为是分散其注意力的方法之一。随着孩子临近学龄，会使用各种办法。如果小男孩发脾气、不听话或吵闹，母亲会带他去神庙或寺院。母亲的态度是"让我们从神那儿得到帮助吧！"这常常是一次有意义的旅行。施予治疗的僧人与孩子严肃的交谈，询问他的生辰和问题。他退去祷告，然后回来告知治疗方法，有时是以驱虫的方法来去除顽皮的习性。他为孩子驱虫，然后让他回家。日本人认为"它只在短时期内有效"。对日本小孩最严厉的惩罚被认为是"药"。这是一种装有艾粉的小圆锥容器，加热后放到小孩的皮肤上，这会留下一辈子的疤痕。艾灸是一种古老的在东亚广泛流行的疗法，它在日本也是对疼痛的传统疗法。艾灸还可以治脾气暴躁和固执己见。一个六七岁的男孩就可能被他的母亲或祖母用这种办法"治好"。在难以治愈的情况下也许要治第二次，但三次用艾灸来治疗顽皮的情况很少见。它并不是惩罚，而我们说"你要这样做我就揍你"是一种惩罚。但这比挨揍要痛得多，孩子于是明白不能淘气，否则就要受惩罚。

除了用这些方法来对付任性的孩子，还有一些教孩子基本身体技能的习惯。他们尤其强调老师手把手地教孩子动作，孩子则必须被动地接受。在孩子两岁之前，父亲就让孩子盘腿端坐，脚背朝着地板，开始孩子都觉得难以做到不向后倒。端坐训练最强调的一个环节是稳定，不能乱动或改变姿势。他们认为掌握端坐的方法是全身放松，处于消极状态。这种被动性要靠父亲摆正孩子的腿来强调。端坐并非是唯一需要学习的姿势，睡姿也需要学习。日本妇女睡姿要端庄，其严肃性和美国女人不能被看到裸体一样。日本政府为了争取外国人承认，曾把裸体列为陋习，在此之前，日本人在沐浴时并不以公开裸体为耻，但对女性睡姿却十分重视。女孩必须双腿并拢，端庄而睡，而男孩却享有较大自由。这是早期男女训练中有区别的规则之一。几乎和所有其他的要求一样，它对上层阶级比下层阶级要求更严格。杉本夫人（悦子）在谈及她自己所受到的武士家庭教养时说："从我记事时起，晚上总是小心而安静地躺在小小的木枕上。……武士的女儿被教导在任何场合，即使是在睡觉时，也不能失去对心灵和肉体的控制。男孩可以随意地手脚伸开呈'大'字形而睡，而女孩则必须小心谨慎，庄重地以'墨'字形而睡，这意味着一种'自制精神'。"日本妇女告诉我她们的母亲或保姆在晚上睡觉时，是如何把她们的手脚放规矩的。

教授传统书法时，教师也是手把手地教小孩写字。这是"为了让他体会"。在孩子还不会认字写字之前，就要让他们体会这种控制灵活、富有节奏感的运笔方法。在近代大规模的教学中，这种教学法不像以前那样受到强调，但仍在运用。鞠躬、用箸、射箭以及在背上缚一个枕头以模拟背婴儿，都是通过手把手的纠正姿势来教授的。

除了上层阶级的孩子外，孩子在上学之前就与附近的孩子们一起自由玩耍。在农村，孩子们不到三岁就结成小团体。在乡镇与城市，在车来人往的街头和汽车的车厢中，孩子们以惊人的自由玩耍。他们是享有特权的人。他们在商店里闲逛，听大人们交谈，跳房子或玩手球。他们聚集在村子里的神庙中，在神的庇护下安全玩耍。男孩和女孩在他们上学前和上学后的两三年内一起玩耍。同性别的孩子，尤其是同年龄的孩子最容易结成密友。特别是在农村，这种同年龄的集团是伴随终身的，比其他集团维持的时间都长。在须惠村，"随着性关系的减弱，同龄人的集会便成为人生的真正乐趣。须惠村的人说'同龄人比老婆还亲近'"。

这种学龄前的儿童团体之间毫无拘束。在西方人看来，他们的许多游戏都是些不知道羞耻的、猥亵的事情。孩子们懂性知识，是因为成年人随便谈论，也是因为日本人居室狭窄。此外，母亲逗孩子或给孩子洗澡时，逗弄其生殖器，当然这只是针对男孩子。只要注意场所和对象，日本人一般不责备孩子们的性游戏。手淫并不认为是危险的。儿童团体之间互相揭丑（成人之间的这种揭丑会是侮辱），互相吹嘘（成人之间的这种吹嘘会引起耻辱感）。日本人总是和善地笑着说"孩子们不懂什么叫羞耻"，还补充道："所以他们这么快乐。"这就是幼儿与成年人之间的巨大鸿沟。因为如果说一个成年人"不知羞耻"，就等于说他完全不讲体面。

这个年龄的孩子们常常评价他人的家庭和财产，并特别吹嘘自己的父亲。他们常说的是"我爸爸比你爸爸本事大"，"我爸爸比你爸爸聪明"。他们还为夸耀各自的父亲而吵架。这种行为对美国人来说似乎不值得介意，而在日本，孩子们的谈话与他们所听到的完全不同。成年人在提及自己家的房子时会说"敝宅"，尊称邻家的房子为"贵府"；在谈及自己的家庭时会说"寒舍"，尊称邻家为"府上"。日本人都承认，幼儿期的数年间，从结成儿童团体开始到小学三年级，大约九岁左右，个人主义的主张一直居于主导。有时是"我当主君，你当家臣"，"不，我不当仆人，我要当主君"，有时是炫耀自己贬抑他人。"他们想说什么就说什么，但随着年龄的增长，他们明白有些话不能说，于是他们就等待别人询问，而不再吹嘘了。"

孩子对超自然力的态度是在家中学习的，僧侣并不"教"孩子。一般只在民族节日或祭日，同其他参与者一起接受神官洒被灾水等有组织的宗教活动中，孩子们才对其有所体验。有些孩子被带去参加佛教法事，但这也经常发生在节日里。频繁的也是最深刻的体验是常常得在自家中以法师和神龛为中心，举行家庭祭祀。特别显眼的是祭祀家族祖先的神龛前，摆放着鲜花、某种树枝和香火。每天都要供奉食品，家中的长者向祖先汇报一切家中大事，并每日在神龛前行礼，傍晚要点上小油灯。人们常说不愿意在外宿夜，因为如果不主持家祭，总感觉若有所失。神龛一般是一个简单的架子，供奉着从伊势神宫请来的神像，其他各种供品也放在上面。厨房的神龛上也供奉着满是煤烟的灶神。门上和墙上也贴着许多神符。这些神符都是保佑全家安全的。在农村，神庙也是同样安全的地方，因为有慈悲的天神在那儿镇守。母亲喜欢让她的孩子去安全的神庙玩耍，孩子们的经验使他们对天神无所畏惧，也没有必要使自己的行为符合神意。众神受到敬拜，并赐福人间，他们不像权力主义者那样。

在男孩子入学两三年后，使他适应日本成人那种谨慎生活模式的正式训练才开始。在此之前，孩子一直学习身体控制，如果他太调皮，就会"治疗"他的淘气，分散他们的注意力。他会受到和蔼的管束，有时也会受到嘲弄。但他可以任意行事，甚至是粗暴对待母亲，他的小小自我得以助长。刚开始上学时没有多大的变化。最初三年是男女同校，无论是男女教师对孩子都很喜爱，是孩子们当中的一员。但是学校和家庭一再强调陷入"尴尬"处境的危险。孩子们还太小，不知道什么是"羞耻"，但他们必须学习如何避免"尴尬"。例如：在一则故事中，本来没有狼，但男孩却喊"狼来了，狼来了！"来"愚弄别人，如果你们也这样做，人们就不会相信你，这是很尴尬的事。"许多日本人说当他们犯错误时，第一个嘲笑他们的人是同学，而不是老师或父母。的确，在这段时间，长者所要做的不是嘲笑自己的孩子，而是逐渐使受人嘲笑的事实和"对社会的情理"所要求的道德教育结合起来。孩子六岁左右时，以忠义献身的故事形式（即前文所引用的六岁儿童读物中义犬报恩的故事），逐渐成为一系列约束。长辈会对孩子说："你这样或那样做的话，世人会耻笑你。"规范因时因事而异，其中大多数规范与我们所说的礼节相关。这种规范要求个人意志服从于对国家、家庭、邻人无限增长的义务。孩子必须自我控制，必须认识自己的"债"。于是，他逐渐处于欠恩负债的地位，如果他打算还清人情债，就必须谨慎处世。

这种地位的变化是把幼儿期进行的嘲弄方式以新的严肃认真的态度传导给正在成长的少年男孩心中。八九岁时，孩子可能会真正遭到家里人的排斥。如果老师报告说他不听话或无礼，并给他的操行分数打不及格，那么他的家人就会不理睬他。假如商店老板指责他行为不轨，那么"家庭名誉就会受损"，全家人都会批评指责他。有两个我所认识的日本人，在他们还不到十岁的时候，曾两次遭到父亲逐出家门，他们也羞于去找亲戚。他们在学校已经受到了教师的惩罚，当时，他们两人都只好待在外面的窝棚里，后来被母亲发现，才让他们回家了。小学的高年级孩子有时被关在家里"谨慎"，即"悔过"，必须专心致志地写日本人十分重视的日记。总之，家里人把这个男孩看作是他们在社会上的代表。他招致非议，全家人也会反对他。他违背了"对社会的情理",就别指望得到家人的支持,也不能期望得到同龄人的支持。他的同学会因他的错误疏远他,在他被重新接纳之前,他必须赔罪并对今后做出保证。

正如杰弗里·格雷尔所论述的那样:"值得着重指出的是,从社会学角度看,上述事件被推行到极不寻常的程度。在由大家族或其他小集团发挥作用的大多数社会中,当集团成员受到其他集团的谴责或攻击时,集团一般会一致袒护它的成员。只要他继续得到本集团的承认,在需要时或遭到攻击时,人们就坚信能得到本集团的充分支持,从而能够与本集团之外的人对抗。但在日本,情况似乎正好相反。人们只有得到其他集团承认,才能确信会得到本集团的支持,如果局外人反对或加以非难,本集团也会背弃并惩罚他,除非他能使其它集团撤销这一非难。由于这种机制,'外部世界'的赞同在日本具有其他任何社会无法相比的重要性"。

直到此时,女孩的教育和男孩还没有本质区别,但却有细节之差。在家中,女孩比其兄弟受到更多的约束,她承担着更多的责任,虽然有时也让小男孩照看婴儿。但在接受礼品和关怀时,她总是得到较少。她们也不像男孩那样脾气暴躁。但是就一个亚洲女孩而言,她们却有着极大的自由,她穿着鲜艳的红衣服,在街上与男孩一起玩耍,她还会同男孩吵架而且还经常达到目的。在幼儿时期她也"不懂得羞耻"。六岁到九岁之间，她与男孩的经历和体验相似，逐渐懂得了对社会的责任。九岁以后，学校就男女分班，男孩子们极为重视新建立起的男孩之间的团结，他们排斥女孩子，不愿意别人看到自己和女孩子说话。母亲也告诉女孩不与男孩来往。据说这个年龄段的女孩变得沉闷孤僻，不易教育。日本妇女说这是"儿童的快乐"的结束。女孩的幼年期因遭到男孩的排斥而结束，在此以后的许多年里，"加倍自重"是唯一的人生道路。这一教导在她们订婚和出嫁以后会一直持续下去。

男孩在懂得"自重"和"对社会的情理"之后，还不能说他已经懂得日本男子的全部义务。日本人说："男孩从十岁开始学习'对名分的情理'。"这句话的意思当然是指他将认识到憎恨受辱是一种德行。他还必须学会这种规则：何时与敌人和解，何时采用间接手段洗刷污名。我认为他们并不是想让孩子在遭到侮辱时学会反击。男孩小时候已经学会对母亲粗暴，与同龄的伙伴相互诽谤争辩，几乎没有必要在十岁时演习如何攻击对手。但是，"对名分的情理"的规范要求十几岁的少年也要服从其规定，从而把攻击方式纳入公认的模式，并提供特定的处理方法。正如我们所见，日本人常常把这种攻击转向自身而不是针对别人，即使是学生也不例外。

六年制小学毕业后继续学业的男孩（约占总人口的15％，男生的比例较大），突然面临激烈的中学入学考试竞争，对每个考生的每个学科进行排名，这些少年也就马上要承担"对名分的情理"。对于竞争，他们并没有逐渐积累的经验，因为在小学和家庭里都尽量把竞争降到最低限度。这种突如其来的新体验，使竞争更痛苦更剧烈。为排名竞争并怀疑他人徇私情的现象非常普遍。但是，日本人在缅怀往事时谈得多的却不是这种激烈的竞争，而是中学高年级学生欺侮低年级学生的习惯。高年级学生任意捉弄低年级学生，想尽办法欺侮他们。他们让低年级学生表演一些愚蠢和丢人的节目。低年级学生一般对此极其憎恨，因为日本男孩不会以游戏的心态来对待这类事情。一个男孩子被迫在高年级学生面前奴颜婢膝、四脚爬行，事后，他会咬牙切齿，策谋报复。由于不能当场复仇，他们更加热衷于此并怀恨在心。报复是"对名分的情理"，他认为这是德行。也许，几年之后，他会利用家庭势力把对方从职位上拉下来；或者磨励剑术或柔道，毕业之后在通衢大道上当众报仇，使对方出丑。除非有一天双方扯平，否则他就觉得"心事末了"。这正是日本人崇尚复仇的主要原因。

那些没有升入中学的少年，在军事训练中也会有同样的体验。在和平时期，每四个青年就有一个应征入伍，而且，二年兵对一年兵的侮辱，远比中学里高年级生欺侮低年级生更为厉害。军官对此毫不过问，士官只在例外情况下才会干预。日本军规的第一条是任何向军官求助的行为都是丢脸的。士兵间自行解决争端。军官们认为这是"强化"军队的方法，但并不参与其中。二年兵把他们一年前所累积的愤恨向新兵发泄，想方设法羞辱新兵，以显示他们"训练有素"。当兵的在接受军队教育之后，常常被说是彻底变了一个人，变成了一个"真正黩武的国家主义者"，但这种改变并不是因为他们接受了极权主义国家理论的教育，当然也不是因为受到忠于天皇思想的灌输，受人摆布的屈辱经历是其更重要的原因。在日本家庭生活中，受日本式教养且自尊心极强的青年人，在这种情况下很容易变得残忍。他们不能忍受屈辱，把这种折磨解释为排斥，这也会使他们自身变成虐待狂。

毫无疑问，近代日本的中学及军队中上述事态之所以具有这种性质，来自日本古老的嘲笑和侮辱习俗。日本人对这类习俗的反应也并非中等以上学校和军队创造的。显而易见，不难看出，在日本由于有"对名分的情理"的传统规范，嘲弄行为的折磨人就比在美国更难忍受。每一个被戏弄的集团不久以后就会按顺序对下一批受害者加以虐待，但这并不能阻止被戏弄的少年一心想报复虐待者，这也是与古老的模式相一致的。在许多西方国家中找替罪羊泄恨的方式是常见的民间习俗，在日本却不是这样。例如：在波兰，新学徒或年轻的收割工人被残酷嘲弄后，他不是向虐待者发泄愤恨，而是对下一批学徒和收割工人发泄。日本少年当然也会如此发泄愤恨，但他们最关心的还是直接报仇，被戏弄的人在找虐待他的人算账之后才"感到痛快"。

在日本的战后重建中，那些关心日本前途的领导者，对战前日本成年学校和军队中侮辱和戏弄青少年的习惯尤其关注。他们努力强调"爱校精神"和"老校友关系"，以消除高年级与低年级的对立。军队中他们切实禁止戏弄新兵。虽然老兵对新兵应当严格训练，如同各级军官一样，坚持严格要求不算侮辱，但嘲弄、虐待则是侮辱。凡是学校与军队中年龄较大的青年让年龄较小的青年像狗一样摇尾、学蝉鸣或在别人吃饭时让他们在一边倒立，都必须受到惩罚。如果能有这种变化，那么对日本的再教育将比否定天皇的神格以及从教科书中删除国家主义内容更加有效。

少女不必学习"对名分的情理"的规范，她们没有男孩在中等学校及军队训练中的近代经验。她们生活的世界远比其兄弟平稳。自从她们懂事时起，她们所受到的教养就是要使她们接受这样一个事实：无论什么事情都是男孩优先，他们可以得到女孩所得不到的关心和礼物。她们必须尊重的处世规则是，不容许有公然表明自我主张的特权。尽管如此，她们在婴儿期也和男孩一样享受了日本幼儿的特权生活。当她们是小女孩时，她们被特意用鲜红的衣服打扮起来，这种颜色她们在成年后将会放弃，直到第二个特权时期开始，即六十岁后才能再穿。在家里，她们如其兄弟一样，在母亲与祖母的竞争中会受到双方的讨好。另外，弟弟或妹妹总是要姐姐也要家里的其他人跟他"最亲"。为表示最亲，孩子们要求与她同睡，而且她常常把祖母给予的恩惠分给两岁的幼儿。日本人不喜欢单独睡觉。夜里，小孩可以把被子紧挨着他喜欢的长者睡。某一天"你同我最亲"的证据往往就是把两个人的睡床紧挨在一起。九岁或十岁以后，女孩子被男童的游戏伙伴排斥在外，但仍可以在其他方面得到补偿。她们热衷于请人梳新的发型，十四至十八岁姑娘的发型在日本是最为讲究的。达到一定年龄，她们可以穿丝织则不用再穿棉织衣服，还会做出各种努力让她们穿上显得更加美丽的衣服。女孩子们就是这样得到某种程度的满足。

女孩必须遵守各种各样的约束，这种义务要她们自己直接承担，并不需要专断的父母强制。父母对女孩行使他们的特权并不是通过体罚，而是通过冷静而坚定的期待，希望女儿按照要求来生活。下述事例是这种教养方法的一个极端，值得加以引用，它很好地说明了女孩子所受的那种非极权主义的压力，而这种压力也是比较宽容而且似有特权的教育方式的特征。稻垣钺子从六岁时起就由一位博学的儒学家教授汉文经典：

在整整两个小时的授课过程中，先生除了手和嘴唇动以外端坐在那里纹丝不动。我以同样端正安静的姿势坐在老师面前的草席上。有一次正在上课，我动了一下。不知什么原因而坐不住，轻微地晃动了一下身体，屈起的双膝角度稍有偏移。老师脸上掠过不满的惊愕神色，他轻轻地合上书本，严肃而又温和地说："小姐，今天你的心境显然不宜学习，请回房静思。"我幼小的心灵羞愧得无地自容，却又无可奈何。我先向孔子像行礼，接着向老师鞠躬，然后毕恭毕敬地回到房间。我小心翼翼地走到父亲跟前，像往常课毕时那样向父亲汇报。父亲感到惊奇，因为时间还未到。他随意地说："你的功课学得这么快啊！"这句话简直就像丧钟。那时的伤痛记忆仍然隐隐作痛。

杉本夫人在另一个地方描写她的祖母，言简意赅地说明了日本父母中最具代表性的一种态度：

祖母安详地期待每个人都按她的想法行事，既无叱责，也无争吵，但祖母的期待像真丝一样柔软而又坚韧，使她的小家庭在她认为正确的方向上前进。

这种"像真丝一样柔软而坚韧"的"期待"之所以如此有效，原因之一就是各种技艺和技能的训练极其周到。女孩学到的是习惯，而不只是规则。不管是儿童时期正确用箸，还是正确进入房间的姿势，以及成年以后学习茶道和按摩，其动作都是在长辈手把手的指导下，反复练习，直至娴熟自如形成习惯。长辈们从不认为孩子们到时候就"会自然而然地学会"正确习惯。杉本夫人描写了十四岁订婚后如何学习伺候未来丈夫用餐的事。她从未见过丈夫的面，丈夫在美国，而她在越后。但在母亲与祖母的关注下，"我一次又一次地亲自下厨做几样据哥哥说是松雄（未来的丈夫）爱吃的菜。我假想他就坐在我身旁，我总是在自己之前先给他添饭加菜。这样，我学习关心未来的丈夫，使他感到愉悦。祖母和母亲总是装作松雄在眼前一样说话，我则如同丈夫真在房中那样注意我的衣着举止。这样，我渐渐学会尊重丈夫，并尊重我自己作为其妻子的地位。"

　　男孩也通过实例和模仿接受细致的习惯训练，不过不像女孩那么严格。习惯一旦"学会"，就不能有任何违反。青年期以后，在他生活的一个重要领域主要是靠他自己的主动性。其长辈不向他传授求爱的习惯。家庭中禁止一切公开表示爱情的行为。九岁十岁之后，没有亲戚关系的男孩与女孩之间的隔离极为彻底。日本人的理想是双亲要在男孩确实对性感兴趣之前就为他安排好婚姻，因此男孩在与女孩的交往中感到"羞怯"是人们所期望的。在农村，常常会围绕这一话题取笑男孩子，使他们总是很"害羞"。尽管如此，男孩子们仍试图学会求爱。过去，甚至是现在，在较偏僻的日本乡村中，有时是大多数女孩未婚先孕。这种婚前体验是"自由的领域"，不涉及人生大事。父母在安排婚姻时对此置若罔闻。但是今天，正如须惠村的一位日本人对恩布里博士所说的那样："甚至是保姆也受到足够的教育，知道必须保持贞洁。"那些上中学的男孩也严禁与异性有任何交往。日本的教育和舆论都致力于防止异性之间的婚前亲近。日本电影中把在年轻妇女面前表现得轻薄的青年看作是"坏"青年，而所谓"好"青年则是指那些在美国人看来冷酷甚至野蛮对待可爱女孩的人。对女人表示亲昵就意味着这位青年"放荡"或者是追逐艺伎、妓女或咖啡馆女郎。去艺伎馆是学习求爱的"最好"方式。因为"艺伎会教你，男人只需悠然观赏"。他不必担心显得笨拙，也无人认为他会与艺伎发生性关系，但并没有很多日本青年付得起上艺伎馆的钱。他们可以进咖啡馆观察男女如何亲昵接触。但是这种观察与他们预期的在其他领域的训练不是同一类型。男孩有很长时间担心自己的笨拙。有地位的家庭在年轻夫妇结婚之时为他们提供《枕草子》和绘有各种姿态的画卷。正如一位日本人所说："看书就可以学会，就像学习园艺一样。父亲并不教导如何布置日式庭院，但你上了年纪就会学会这种爱好。"他们把性行为和园艺都看作是看书就会，这很有趣，虽然日本大部分青年是通过别的方法学习性行为的。但不管怎么说，他们并不是通过成年人的悉心指导来学习。这种训练上的差别向青年男子强调了一个信条：性属于与人生大事无关的领域，从而无需由长辈亲自指教、严格培养。这是一个可以自行掌握并得到满足的领域，尽管他常常会担心陷入窘迫。这两个领域有不同的规则，男子结婚后完全可以毫无顾忌地在外面享受性的欢乐，这样做丝毫不会侵犯妻子的权利，也不会威胁到婚姻的稳定。妻子则没有同样的特权，她的义务是对丈夫严守忠贞。如果她被引诱，也只能偷偷摸摸地进行。日本少女很少能完全掩盖自己的风流韵事。妇女如被认为易于激动或心绪不宁，则会被认为患有癔病。"妇女最常遇到的困难并非涉及其社会生活，而是性生活，很多精神不正常和大多数患有癔病（易激动，不稳重）的妇女显然是因为性生活不协调。妇女只能靠丈夫的随意给予来满足性欲。"须惠村的村民说，女人的疾病大多"始于子宫"，然后蔓延至头部。丈夫如果只迷恋于其他女人，妻子就会求助于日本人公认的手淫习俗，从乡村到高贵之家，妇女都秘藏着用于此目的的传统器具。在农村，妇女如果生过孩子，就可以相当大胆地做一些色情动作。在当母亲以前，关于性的玩笑她一句也不说，当了母亲以后，随着年龄增长，她在男女混合宴席上的谈话充满此类玩笑。她还会在下流歌曲的伴奏下，扭动臀部，毫无顾忌地跳色情舞蹈以飨宾客。"这种表演总会引起哄堂大笑"。在须惠村，士兵服役期满而退役时，村里人都到村口欢迎，这时穿着男装的女人会开起下流玩笑，佯装一副要强奸年轻姑娘的样子。

日本妇女在性问题上也有某种自由，出身越低微自由越大。她们一生在大部分时间必须遵从许多禁忌，但绝不忌讳男女间事。她们以淫荡取悦男性，同样也以克制取悦男性。女人到了成熟年龄，就抛开禁忌，如果出身低微，她会像男人一样下流。日本人对妇女行为得体的要求因年龄和场合各异，而不像西方的"贞女"与"淫妇"那样具有一贯性格。

男人也是既有时恣情放纵，也有时节制谨慎。与男性朋友一起喝酒，尤其在艺伎的陪伴下，是日本人最大的乐趣。日本男人喜欢醉酒，没有节制饮酒的规定。他们在喝了几口以后，就会放松正襟危坐的姿态，喜欢相互倚靠，十分亲昵。醉酒者除极少数"难以相处的人"会发生吵闹以外，一般很少看见粗暴行为或寻衅。除了喝酒这种"自由领域"之外，日本人说男人决不能干出过火的事。如果一个人在其生活的重要方面做得过火，这就仅次于日本人常用的骂人话"混蛋"。

所有西方人描绘的日本人的矛盾性格都可以从日本人教养孩子的方法中得到解释。这种教养方法在他们的人生观中产生了两重性，两个方面中的任何一面都不能忽视。他们从幼儿期的特权与心境自在的体验中保留了他们"不知羞耻"年代的欢乐生活的记忆。他们无需为未来描绘天堂，因为他们过去曾经有过天堂。他们把自己的童年改头换面地写进了关于人性本善、关于神灵慈悲以及做一个日本人的无上光荣的理论之中。幼儿期的经验使他们易于将自己的伦理置于人人身上有"佛性"（成佛的可能性），死后都能成佛这种极端解释的基础上，这给他们以固执和某种自信。正是因为以此作为思想基础，他们才经常主动承担任何工作而不顾自己的能力是否差距很远。正是因为以此作为思想基础，他们才愿意以自己的意见与政府相抗争，并以死力谏。这有时使他们陷入集体性的妄自尊大。

六七岁以后，"谨言慎行"、"知耻"，这类责任便逐渐加在他们身上，而且背后有强大的压力：如有过失，家庭就会反对他。这种压力虽不是普鲁士式的纪律，但却是不可逃避的。在他们拥有特权的幼儿期，有两件事为这种发展打下了基础：一件是父母固执地训练其便溺习惯和纠正各种姿势，另一件是父母常常嘲弄孩子，假装威胁要抛弃他。这些幼年时代的经验使孩子们有所准备，能够接受严格的约束，以免被"世人"耻笑、遗弃。他压制自己在早期生活中会随便表现出的冲动，并不是因为这些冲动邪恶，而是因为它们现在不合时宜。他现在已跨入严肃生活。随着他越来越多的童年特权遭到否定，他被允许拥有更大的成年人的享乐，但幼儿期的体验绝不会真正消失。他随时从这些体验中汲取养料丰富其人生哲学。在他对"人的感官"的宽容之中，他重温幼时的这些体验。在整个成年时期，在其生活的"自由领域"里他重新感受这些体验。

日本儿童生活有一个显著的连续性联结其前期和后期，即获得伙伴认可的极端重要性。被灌输在他头脑里的正是这一点，而不是德的绝对性标准。在孩提时代的早期，当他长大到能够提出请求时，母亲就让他睡到自己的床上，他就会计较自己与兄弟姐妹们所得点心的多少，以此作为标准来衡量其在母亲心目中的地位，他能敏感地察觉到冷淡，甚至会问姐姐："你是不是最疼爱我？"在童年时代晚期，人们要求他放弃越来越多的个人满足，而许诺的报偿则是他将得到"世人"的认可和接纳。惩罚则是遭"世人"的讥笑。这当然是大多数文化对教育儿童所施加的压力。但在日本，这种压力则特别沉重。被"世人"抛弃，这在孩子心目中的形象就是母亲嘲弄威胁说要丢掉他。因此，在他的整个一生中，他惧怕被伙伴抛弃甚至惧怕暴力。他对嘲笑抛弃的威胁极为敏感，甚至当他仅仅在自己心中想象出这种威胁时也是如此。因此在日本社会中几乎没有私生活的秘密，"世人"实际上知晓他所做的每一件事，如果"世人"不赞成的话，就能够抛弃他，这绝不是主观想象。何况日本人的房屋结构，薄薄的板壁既不隔音，白天又敞着。因此，没有能力修筑围墙和庭院的人家的私生活让人一览无遗。

日本人使用某些象征，有助于分清他们性格中基于儿童教养的、非连续性的两个侧面。在早时期形成的侧面是"不知耻的自我"。他们说，镜子"反映永恒的纯洁"，既不会培养虚荣心，也不会反映出"妨碍的自我"，它反映出灵魂的深处，人们会从中看到自己"不知耻的自我"。人在镜子城看到作为心灵之"门"的眼睛，这有助于他作为"不知耻的自我"而生活下去。他在这里看到理想的天生形象。常听说有些人为了这一目的而把镜子一直带在身边，甚至听说一个人在家中神龛里置一面特殊的镜子以静观自身，反省自己的灵魂，他"自祭"、"自拜"。这并不常见，这只是把一般的做法推进了一小步，因为所有家庭的神龛上都放有镜子作为神器。在战争期间，日本广播电台曾特意播放一首专门的颂歌，赞扬一班女学生自己凑钱买镜子挂在教室里。这里丝毫没有把镜子当成虚荣象征的意思，而说这是她们心灵深处重新焕发的、为沉毅的目标而献身的精神。对镜自照是一种对精神高尚的检测。

日本人对镜子的感情起源于"旁观的自我"被植于孩子的心灵之前。他们照镜时并未看到"旁观的自我"。镜子里反映的"我"恰如他们自己的童年时代一样，自然是善良的，无需用"耻"来开导。他们赋予镜子的同一象征意义还形成了这样一种观念的基础，即为达到"圆熟"而进行自我修养的基础，他们坚持不懈地修养自己，以消除"旁观的自我"，恢复幼年那种思想与行动的一致。

尽管幼儿期的特权生活对日本人有各种影响，但他们并不认为童年后期以耻感为道德基础的各种约束纯粹是剥夺特权。正如前面所述，自我牺牲是日本人经常攻击的基督教的观念之一，否认所谓他们牺牲自己的观念。即使是在那些极端的情况下，日本人也说是"自觉自愿"为"尽忠"、"尽孝"或为"情理"而死，并不认为属于自我牺牲的范畴。他们说，你可通过这种自愿的死来达到自己期望的目标，否则就会"死得像狗一样"，这对他们意味着死得毫无意义，并不像在英语中那样意味着死得悲惨。那些不是很极端的行为在英语中也被称之为自我牺牲，在日语中则属于自尊范畴。自尊意味着自制，而自制恰与自尊一样具有同等的价值。大事业只有克制才能做到。美国人强调自由是实现目的的必要条件，而在具有不同生活体验的日本人看来这是不够的。他们接受这种观念，即通过自制可使自我更有价值，并将此作为其道德律的一个主要信条。否则，他们怎能控制危险的自我，充满着可能会爆发并扰乱正当生活的种种冲动的自我呢？正如一个日本人所说：

经过数年辛勤劳动，漆坯上的漆层涂得越厚，制成的漆器越有价值。对民族来说也同样如此……有句形容俄罗斯人的话说："抓破俄国人，现出的是鞑靼人。"人们可以同样正确地说日本人："抓破日本人，刮掉漆层，现出的是海盗。"然而，不应忘记在日本，漆是一种珍贵的产品，是制作工艺品的辅助材料。它不是掩盖瑕疵的涂料，没有丝毫杂质，至少与坯底具有同样的价值。

在西方人看来，日本男性行为中十分明显的矛盾是由其训育的非连贯性造成的，甚至在他们经历了全部"涂漆"过程以后，他们的意识中仍深深地留下儿时的印象，那时他们在自己的小世界里像小神仙一样，他们那时甚至可以纵情恣意，即使是发泄自己的攻击性。似乎一切欲望都能得到满足。由于这种根深蒂固的双重性，使他们成年后可以从毫无节制地浪漫恋爱，突然转到对家庭意见的绝对服从。不管他们在履行极端义务方面走得多么远，他们都能够沉湎于享乐和安逸。慎重处世的教育往往使他们行动怯懦，但他们实际上勇敢得近乎鲁莽。他们在等级制下可以表现出非凡的驯服，但绝不轻易接受上级的驾驭。他们尽管彬彬有礼，却仍能保持傲慢不驯。在军队里，他们可以接受军队所要求的狂热盲目的训练，但却又桀骜不驯。他们可以是热烈的保守主义者，但又很容易被新的方式所吸引，他们曾经学习中国习俗，继而又汲取西方学说，这就是证明。

性格的双重性造成紧张。对这种种紧张，日本人的反应并不一样。虽然每个人都要对同一个基本问题做出自己的决定，即如何把儿时那种纵情无虑的自发性以及对此予以宽容的幼年期经历同后来生活中那种动辄关系到自身安危的种种约束协调起来。许多人感到难以解决这个问题。一些人把生活安排得像道学家一样，非常惧怕实际生活与恣意纵情发生冲突。因为自发性并非想象出来的东西，而是他们曾经体验过的东西，所以这种恐惧就更加严重。他们态度超然，墨守自己所制定的规则，并由此认为自己好像成了一个可以发号施令的人。有些人则陷入人格分裂。他们害怕自己心中郁积的反抗情绪，而以表面的温顺加以掩饰。他们常常埋头忙于一些微不足道的事，以免意识到自己的真实情感。他们每天只机械地演习那些基本上毫无意义的生活常规。另外一些人由于更加念念不忘儿时生活，长大成人后面临社会对他们的一切要求，感到严重焦虑，在不宜依赖别人的年龄仍试图更加依赖。他们感到失败都是对权威的冒犯，因此任何斗争都会使他们陷入巨大的焦虑之中。不能依据成规处理的、预料不到的情况会使他们感到恐惧。

以上就是日本人在极度担心遭受排斥或非难时所面临的特殊危险。如果不是感到过度压力，他们在生活中会表现出既享受生活乐趣，又显示出在孩提时代就培养起来的不得罪他人的谨慎之心。这是十分了不起的事。他们的幼年时代使他们养成了坚持己见的态度，它并没有形成沉重负担。后来所受的各种束缚是为了与伙伴协调一致，义务也是相互的。尽管在某些事情上，个人愿望会受到他人的干涉，但在一些规定的"自由领域"中，可在其中依从内心冲动而随意生活。日本是以善于从天然的事物中享乐而闻名的民族，他们观樱、赏月、赏菊或赏初雪，把昆虫关在笼子里以欣赏其"歌声"，吟和歌、俳句，修饰庭院、插花、品茶等等。这些绝不像一个深怀烦恼和侵略心理的民族所应有的活动。他们在追逐享乐时也并非消沉颓废。在日本执行灾难性使命之前的那些幸福日子里，日本农村里的人可以同现代的任何一个民族一样欢乐愉快地消遣闲暇，在工作时的勤勉绝不逊于现代任何民族。

但是，日本人律己甚严。为了避免遭受世人疏远和诽谤等重大威胁，他们必须放弃刚刚会享受的个人乐趣。在人生重大事情上，他们必须抑制这些冲动。那些违反这一模式的少数人甚至会有丧失自尊的危险。自尊的人，其生活准绳不是明辨"善""恶"，而是迎合世人的"期望"，避免让世人"失望"。这样的人才是"知耻"和极其慎重的杰出人物。这些人才是为家、为村、为国增光的人。这样产生的紧张感非常强烈，表现为使日本成为东方领袖和世界一大强国的雄心壮志，但这些压力对个人是一种重负。人们必须警惕戒备，唯恐失效，或唯恐在以巨大的克制为代价的行动过程中有人小看他们的行为，有时人们会爆发出最激烈的攻击性行动。他们被激起采取这种攻击性态度，并不像美国人那样是在自己的原则或自由受到挑战之时，而是在他们觉察到遭侮辱或受诽谤之时。那时，他们危险的自我会喷发出来，如果可能的话就针对诽谤者，否则便针对自己本身。

日本人为其生活方式付出了高昂的代价。他们放弃了自己的单纯的自由，而美国人却理所当然地依靠这种自由，就像依靠所呼吸的空气一样。我们必须记住，日本人在战败以来正在追求民主。一旦他们有够率直而顾虑的恣意行动，他们将会感到心驰神往。杉本夫人曾出色地描写了她从东京的教会学校里得到的一块可以随意种植植物的花园时的喜悦心情。老师分给每个学生一块荒地和所需要的种子。

这块可以随意种植的园地赋予了我一种关于个人权利的全新感觉……这种感觉在人的心中这一事实本身令我惊奇……我可以随意行动却不会违背传统，不会玷污家名，不会令父母、老师或乡亲们感到惊愕，也不会损害世人任何事物。

其他学生都种花，但杉本夫人却筹划种马铃薯。

谁也不理解这种近乎荒谬的行动给予我的无所顾忌的自由感觉……自由精神来敲我的门了。

这是一个全新的世界。

我家里，庭园中有一块布置得看上去像是野外的地方……但总有人修剪松枝，或剪齐树篱，每天早晨，老仆人扫净踏脚石，并在清扫过的松树底下撒下从林中采来的嫩绿的松针。

对她来说，这种仿造的野外就是那种她被教养的、伪装的自由的象征。整个日本都充满着这种伪装。日本庭院中每一块半埋在土中的巨石都经过精心挑选，从别处运来，并以小石块铺底。巨石的布置要与流泉、屋宇、矮丛、树木相衬。同样，菊花也是盆栽，准备参加每年到处都要举办的菊展。每朵花瓣均经过栽培者的细心修整，并且常用看不见的金属丝支撑着，以保持其姿态。

杉本夫人在得到机会拆掉这些金属丝时，她的激动心情是快乐而又纯真的。原来被栽在小盆中并被一瓣一瓣地精心摆弄过的菊花，在返璞归真的过程中发现了真正的乐趣。但在今天，在日本人中，不考虑他人的期望，对"耻"的约束力表示怀疑的自由，可能破坏他们的生活中微妙的平衡。在新的局面下，他们必须学习新的制约手段。变化是要花费代价的。建立新观念和新道德并不容易。西方人不能设想日本人会立即采用新道德，并真正变成自己的东西，也不能设想日本人不能制定比较自由宽容的伦理。在美国的第二代日本侨民已将日本道德规范的知识和实践遗忘殆尽，他们的血液中也丝毫不存在要墨守其父母出身国日本习惯的东西。同样，生活在日本国的日本人，也有可能在新时代里建立起一种不要求过去那样自制义务的生活方式。菊花摆脱了金属丝，不经人工彻底修整照样鲜艳美丽。

在向这种较大的精神自由过渡的时期，日木人或许可以借助两三种古老的传统而保持平稳。其中之一就是"自我负责"的精神，用他们的话说就是自己负责擦去"自己身上的锈"。这一形象的语言将人的身体比作刀，正如佩刀者有责任保护刀的光洁一样，每个人必须对其行动的后果负责。人必须承认并接受他自己的弱点、缺乏韧性和无能所造成的必然后果。在日本，对自我负责的解释远比自由的美国更加严格。在这种意义上，刀不是进攻的象征，而是理想和勇于自我负责的比喻。在尊重个人自由的体制下，没有比这种道德更有效的平衡轮了。而且，日本的儿童教育和行为哲学已使自我负责的德性深入人心，成为日本精神的一部分。今天，在西方的意义上来说，日本人要"放下刀"；在日本的意义上来说，他们仍将继续努力关注如何才能使心中那把易被锈蚀的刀保持光洁。就他们的道德术语而言，这把刀是一种即使在自由、和平世界也能保存的象征。

第十三章

投降以来的日本人

美国人有充分的理由对其战胜以来在管理日本方面所发挥的作用感到自豪。美国的政策是8月29日通过电台发布的国务院、陆军部、海军部的联合指令，并由麦克阿瑟将军卓越地付诸实施的。这种自豪的充分理由常常被美国报刊、电台中带有党派观念的赞扬与指责弄得模糊不清，只有极少数对日本文化有足够了解的人才能明确既定政策的恰当与否。

日本投降时的大问题是应实行何种性质的占领。战胜国是应该利用现有的政府甚至利用天皇，还是应该清除它，抑或应该在美国军政府官员的指挥下实施各个县市的行政管理。在意大利和德国的做法是，在各地设立A.M.G.（盟国军政府）总部，作为作战部队不可或缺的组成部分，把地方行政置于盟国行政官手中。在日本投降之日，那些负责太平洋地区的A.M.G.的人仍然预计日本也将建立这种统治体制。日本人也不知道他们还能保留多少行政方面的职责。《波茨坦公告》上只是说"日本领土中由盟国指定的地点必须占领，以确保我们在此所示的根本目的"，"那些欺骗及错误领导日本人民使其妄图征服世界的权威和势力"必须永远清除。

国务院和陆海军部给麦克阿瑟将军的共同指令具体地表达了关于这些事情的重大决定，该项决定得到了麦克阿瑟将军司令部的全面支持。日本人将负责本国的行政管理和重建工作。

"只要能促进满足美利坚合众国之目标，最高司令官将通过日本国政府的机构及包括天皇在内的诸机关行使其权力。日本国政府将在最高司令官（麦克阿瑟将军）的指令下，被允许就内政行使政府的正常职能"。因此，麦克阿瑟将军对日本的管理与盟国对德国或意大利的管理有很大不同。这个司令部完全是一个从上到下都利用日本官员的组织。它与日本帝国政府打交道，而不是与日本国民或县市居民打交道。其任务是确定日本国政府的活动目标。如果某位日本大臣认为这些目标无法实现，他可以提出辞职，但如果他的建议正确也可以修改指令。

这种管理方式是大胆的措施。以美国的观点来看，这一政策的好处是显而易见的。正如希尔德林将军当时所说的："通过利用日本政府而获得的好处是巨大的。如果没有可供我们利用的日本政府，我们势必要直接操作管理一个七千万人口的国家。这些人在语言、风俗、态度方面与我们都不同。通过净化并利用日本政府的机构，我们节省了时间、人员和财力。换言之，我们要求日本人自己整顿自己的国家，而由我们提供具体指导。"

然而当这一指令在华盛顿起草时，仍有许多美国人担心日本人也许会采取倨傲和敌对态度，一个怒目而视、伺机复仇的民族将消极抵抗任何和平计划。这些担心后来被证明是没有根据的。其原因在被战胜民族或其政治、经济的普遍真理之中是找不到的，只有在日本特殊的文化之中才能找到原因。也许没有一个民族能像日本这样顺利地接受这种信义政策。在日本人看来，该项政策从失败这一严酷的事实上抹去了屈辱的表象，促使他们实施新的国策，而他们能够接受它，恰恰是因为特异文化所形成的特异性格。

在美国，我们曾不断争论媾和条件宜严厉还是宜宽大。真正的问题并不在于宽严，而在于严厉的程度是否恰当，不多不少，以打破具有侵略性危险的旧模式，并树立新的目标。至于选择何种手段则应根据该国国民的性格和传统的社会秩序而定。对于普鲁士式的专制主义深深扎根于家庭和市民日常生活中的德国，要有适合于德国的某些媾和条件。对于日本明智的媾和条款应不同于德国。德国人不像日本人那样认为自己对社会和祖先欠下了人情债。他们奋斗，并不是为了偿还无穷的债务和恩情，而是避免沦为牺牲者。父亲是一个权威人物，如同其他占据较高地位的人那样，按德国人的说法是"强迫别人尊敬他"的人。正是他如果不受到尊敬就会感到惶恐。在德国人的生活中，每一代儿子在青年时代都反抗其专制的父亲，后来他们自己进入了成年时代，像他的父母一样，终于向单调乏味、平淡无奇的生活屈服了。一生中的最高点是青年叛逆的狂飙突进年代。

日本文化中的问题并不是极端的专制主义。几乎所有的西方观察者都认为，日本父亲对孩子的关怀和钟爱在西方似乎很难看到。日本孩子认为父亲与他之间的这种真正的友爱关系是理所当然的，而且公开夸耀自己的父亲，所以父亲只要改变一下声音，孩子就会按父亲的愿望行事。但父亲对幼儿并不严厉，因此青年时期也绝不是反抗父亲权威的时期。相反，在社会的评判目光中，这个时期孩子成了他们家庭负责而孝顺的代表。正如日本人所说，他们尊重父亲是"为了练习"，"为了修养"，这就是说，作为尊敬的对象，父亲是一个等级制和正确待人接物的超人格象征。

孩子在极小的时候通过与父亲相处的经验而学会的这种态度成为整个日本社会的一种模式。位居等级制上层而受到最高尊敬的人，其自身并不掌握专断的权力。在等级之首的官员并不一定行使实权。上自天皇下至平民，其背后都有谋士和隐蔽的势力效力。对日本这方面最准确的说明，是一个类似于黑龙会的超国粹团体的领袖在三十年代初与东京一家英文报纸的谈话。他说："社会（当然是指日本）是一个三角，它被图钉固定住一角。"换言之，三角摆在桌子上，人人都能看见。图钉则是看不见的。三角形有时往右偏，有时往左偏，但都是围绕着一个隐蔽的轴心而摆动。借用西方人常说的一句话说，就是凡事都要用镜子反映。竭尽一切努力使专制的暴露减低到最低限度，使每一个行动表现出向象征性地位效忠的姿态，尽管这个象征性地位并无实权。如果日本人真的觉察出有人在行使不加掩饰的权力，他们就将此视为剥削，是与他们的制度不相称的行为，就像他们对高利贷和暴发户的看法一样。

正因为日本人是这样观察其社会，因此，他们能够反抗剥削和不义而不会成为革命者。他们并不企图打碎他们的社会组织。他们可以像明治时代那样实现最彻底的改革，而毫不批判其制度本身。他们把这种变革称之为"复古"，即回到过去。他们并不是革命者。在西方著述家中，有的寄希望于日本在意识形态方面掀起群众运动，有的夸大了战争期间日本地下势力并指望他们能在投降前夕掌握领导权，还有的预言激进政策将在选举中获胜，但他们都严重地错误估计了形势。保守派首相男爵在1945年10月组阁时所发表的演说更为准确地道出了日本人的心声。他说：

新日本政府采取尊重全体国民之意愿的民主主义形态……在我们的国家自古以来天皇就把自己的意志作为国民的意志，这是明治天皇宪法的精神，我这里所说的民主政治正是这种精神的真正体现。

对民主的这种表述对美国读者来说是毫无意义的，但毫无疑问日本人更愿意在这种表述的基础上，而不是在西方意识形态基础上扩大国民自由范围，增进国民的福利。

当然，日本也将会试验西方式民主政治体制。但是西方的制度，正像在美国那样，并不能成为改善世界的可资信赖的工具。普选与由当选者组成的立法机关的权威虽能解决许多问题，但同时又造成同样多的新困难。当这种困难增多，日本人就会修改我们赖以实现民主的方式。那时，美国人将愤然宣称这场战争白打了。我们相信自己工具的正确性，然而在今后很长时间，在重新把日本建设成一个和平国家的过程中，普选充其量只会起一些无关紧要的作用。自十九世纪九十年代试行第一次选举以来，日本并没有发生根本性的变化，因此不能说莱夫凯迪奥·赫恩当时记述的那些旧困难不会重现：

> 在牺牲了如此多生命的激烈竞争中，确实丝毫不存在个人敌意，在其激烈性使外人吃惊的国会辩论中几乎也无任何个人对抗。政治斗争并不是个人与个人之间的斗争，而是藩阀之间、党派之间利害的斗争。而且，每一个藩阀或党派的热诚追随者把新的政治理解为仅是一种新型的战争——为领导人的利益而打的忠诚之战。

在较近的二十世纪二十年代的几次选举中，农村人投票之前总是说："洗净脑袋，准备砍头。"这句话把选举战与过去特权武士对平民的攻击等量齐观。日本选举中所言的某种意义甚至今天也与美国不同，而且这与日本是否推行危险的侵略政策无关。

日本赖以重新建设一个和平国家的真正力量在于日本人敢于承认他们过去的行动方针"失败了"，从而把努力倾注于别的途径。日本人的伦理是一种善变的伦理。他们曾试图通过战争赢得其"适当位置"，结果失败了。他们现在可以放弃这一方针了，因为他们以往所受的一切训练把他们塑造成能够见风使舵的人。具有比较绝对的伦理的民族须有自己是在为主义而战的信念。当他们向胜利者投降时会说："正义与我们的失败一起消失了。"而且其自尊心要求他们努力使这一"正义"在下一次取胜。要不然他们就捶胸顿足地忏悔自己的罪过。日本人却不是这样。日本投降后的第五天，在美国人登陆日本之前，东京的一家大报《每日新闻》竟能在谈及失败和由失败带来的政治变化时说："但这一切将为最终拯救日本发挥作用。"这篇社论强调每个人都必须不忘日本彻底失败了。既然企图单凭武力来建设日本的努力已经失败，从此以后日本必须走和平国家的道路。东京另一家大报《朝日新闻》也在同一星期发表文章，认为日本近年来"过分相信军事力量"是日本国内与国际政策的"严重错误"，论述说"过去的态度使我们所得甚少而损失惨重，我们必须抛弃，它从而采取扎根于国际合作与爱好和平的新态度"。

西方人注意到这在他们看来是原则性的转变，因而对此感到怀疑。但这却是日本人处世法则的必不可少的重要因素，不论是在人际关系还是国际关系中都是这样。日本人认为采取了某个行动方针而未能实现目标就是犯了"错误"。如果失败，他们就把它作为失败的方针予以抛弃，因为他们没有养成固执己见的性格。他们常说："噬脐莫及。"二十世纪三十年代，军国主义是公认的手段，是一种靠武力猎取的崇拜。他们忍受了这一纲领所要求的一切牺牲。1945年8月14日，被认为是日本至高无上的代言人天皇告诉他们日本战败了。他们接受了战败这一事实所包含的一切。这意味着美军的进驻，于是他们就欢迎美军，这意味着他们侵略企图的失败，于是他们就主动地着手起草放弃战争的宪法。在日本投降后十天，日本的一份报纸《读卖报知》以《新艺术与新文化的起步》为题发表社论，其中写道："我们在心中必须坚信，军事失败与一国文化价值无关。军事失败应被作为一个转机而发挥作用……因为，只有这样，全民族失败的惨重牺牲才能使日本国民真正地面对世界，客观地看到事物的本来面目。过去一切歪曲日本人思想的非理性因素都应通过坦率的分析予以消除……我们需要勇气来正视战败的严酷现实，但我们必须对日本文化的明天具有信心。"这就是说他们尝试过一种行动方针，结果失败了，现在，他们将试行一种和平的生活艺术。日本各家报纸的社论都反复强调："日本必须在世界各国中得到尊重。"日本国民的责任就是在新的基础上赢得这种尊重。

这些报纸的社论并不仅仅是少数知识分子阶层的心声。东京街头和偏僻乡村的普通百姓也经历了同样的转变。美国占领军简直不相信如此友好的国民就是曾经发誓要用竹枪战斗到底的人们。日本人的伦理包含着美国人拒绝接受的许多东西，但承担占领日本任务的人所得到的经验雄辩地证明了，不同的伦理也能够具有许多赢得赞同的方面。

以麦克阿瑟将军为首的美国在对日管理中，承认了日本人改变航程的能力。它没有采用令人屈辱的手段来阻碍这一进程。假如我们使用这种方法，按照西方的伦理，这在文化上也是可以接受的。因为根据西方伦理的信条，羞辱和刑罚是使做过坏事的人认识其罪孽的有效的社会手段。而这种认罪是重新做人的第一步。正如我们前面所述，日本人对此是持另一种看法的。按照他们的伦理，一个人必须对自己行为的一切后果负责，过错所产生的自然后果会使他确认不再这样去做。这些必然后果甚至可能是一次总体战中的失败。屈辱会使日本人感到愤恨，但是这些必然后果并不是像屈辱那样令日本人憎恨。在日本人的辞典里，一个人或国家对另一个人或另一国家侮辱，是以诽谤、嘲笑、侮辱、轻蔑和坚持揭露其不名誉等手段。日本人如果认为受到侮辱，那么复仇就是一种道德。尽管西方伦理如此强烈地谴责这种信条，美国对日占领能否取得成效有赖于美国在这一点上能否慎重。因为日本人把他们极为愤慨的嘲笑与"必然后果"截然区分开来，根据投降条件，"必然后果"包括非军事化，甚至负担苛刻的赔偿义务这样的内容。

日本曾战胜过一个强国。在敌国终于投降，当它认为该敌国未曾嘲笑过日本时，它也会谨慎地避免侮辱失败的敌人。1905年俄军在旅顺口投降时，有一张在日本家喻户晓的著名照片。照片上，战胜者和战败者的区别只是军服不同，俄国军人并没有解除武器，依然佩着军刀。根据日本流传的关于这次投降的著名故事说，当俄军司令斯托塞尔将军表示愿意接受日本人提出的俄军投降条件时，一位日本大尉和一名翻译带着食品来到俄军司令部。当时"除了斯托塞尔将军的坐骑外，所有军马全被宰杀吃掉。因此日本人带来的五十只鸡和一百个生鸡蛋受到由衷的欢迎"。次日，斯托塞尔将军和乃木将军如约会见。"两位将军相互握手，斯托塞尔称赞了日本的勇武……乃木将军称赞俄军长期的坚强防御，斯托塞尔对乃木将军在这场战争中失去了两个儿子表示同情……斯托塞尔把白色的阿拉伯种马送给了乃木将军。乃木将军说，尽管他很想从将军手中接受并留下这匹马，但他必须首先把它献给天皇。他相信这匹马一定会下赐给他。他许诺如果那样，他一定要像爱护自己的爱马一样细心照料它"。日本人尽人皆知乃木将军在私邸的前庭为斯托塞尔将军的爱马盖了一座马厩。据说它比乃木将军自己的房子还要讲究，将军死后，成为乃木神社的一部分。

有人说，自俄国投降以后到日本占领菲律宾之前这些年内，日本人的性格已经完全变了，譬如说，在占领菲律宾的几年间，日本人进行的肆意破坏和残酷虐待世人皆知。不过对于像日本这样极易随着情况而改变道德标准的民族而言，上述结论不是必然的。首先，日本的敌人在巴丹战役之后并未投降，只有局部地区投降。甚至在菲律宾的日军投降之时，日军还在作战。第二，日本人从未认为俄国人在本世纪初曾经"侮辱"过他们。与此相反，二十世纪二三十年代每个日本人都认为美国的政策是"蔑视"日本，或者用他们的话说是"根本瞧不起日本"。这是日本对《排日移民法》、美国在《朴茨茅斯和约》和《海军裁军条约》所起作用的反应。美国在远东经济中影响的扩大以及我们对世界上有色人种的种族歧视态度也使日本人采取了同样的反应。因此，对俄国的胜利和在菲律宾对美国的胜利形象地说明了日本人行为明显对立的两面性格：当受辱时是一面，反之则是另一面。

对日本人来说，美国的最终失败使他们放弃了此前所采取的方针。日本人独特的伦理使他们能够从账簿上擦去一切宿怨的记录。美国的政策和麦克阿瑟将军的对日管理没有增添需要清洗的新的侮辱。他们只坚持那些在日本人看来是失败的"必然结果"的事情。这种做法取得了成功。

保存天皇制具有十分重要的意义。这件事处理得很好。天皇先访问麦克阿瑟将军，而不是麦克阿瑟将军先访问天皇，这件事给日本人上了生动的一课，其意义是西方人难以估计的。当劝告天皇否定其神性时，据说他表示异议，说抛弃原来没有的东西会使他个人难堪。他真诚地说，日本人并没有把他看成西方意义上的神。但是麦克阿瑟司令部的人劝他说，西方人认为天皇主张神性，而这不利于日本的国际声誉，于是天皇强忍这种为难，同意发表否认神性的声明。天皇在元旦发表了这一声明，并要求把全世界报刊对其元旦致词的评论翻译给他看。天皇阅读了这些评论后，致函麦克阿瑟司令部表示满意。外国人在此之前显然不理解，天皇对发表声明一事感到高兴。

美国的政策还让日本人得到了某种满足。国务院及陆海军部的指令明确地规定"对在民主基础上组织起来的工业和农业的诸劳工团体的发展，应予鼓励并提供便利"。日本工人自己在许多产业中组织起来了。二十世纪二十年代及三十年代积极活动的农民组织也重新抬头。对许多日本人来说，他们能够主动地努力改善自己的生活环境，这就是日本在这次战争中有所收获的证明。美国一些特派记者报道说，东京一位参加罢工者盯着美国士兵喜气洋洋地说："日本胜利了，不是吗？"今天日本罢工与昔日的农民起义很相似，那时农民请愿常因为所负担的年贡和赋役过重，妨碍正常生产。农民起义并不是西方意义上的阶级斗争，也不是改变制度本身的尝试。今天日本各地的罢工并不减缓生产速度。罢工者喜欢采取的办法是由工人"占领工厂，继续工作，增加生产，使经营者丢脸。在一家三井所属的煤矿中，罢工工人把管理职员全部赶出矿井，并把日产量从二百五十吨提高到六百二十吨。足尾铜矿的工人在'罢工'中也增加了产量，并把自己的工资提高了一倍"。

当然，不管所采取的政策如何通情达理，战败国的行政总是困难的。在日本，粮食、住宅、国民再教育等问题必然很尖锐。假如不利用日本政府的官员，问题势必会同样尖锐。如果日本官员不是被留下来，战争结束之前美国当权者就十分担心的军队复员问题会具有更大的威胁，但就是在日本官员被留下来的情况下，这一问题也不是轻易被解决的。日本人了解这些困难，去年（1945年）秋天，日本报纸以同情的语气讲到，对于那些历尽艰辛而战败的日本士兵，战败是杯多么难喝的苦酒，并请求他们不要让这种苦涩影响他们的"判断"。一般来说遣返军人表现了相当正确的"判断"，但失业和战败也使其中一些人投身于追求国家主义目标的旧式的秘密结社。他们极容易对他们现在的地位感到愤慨。日本人已不再赋予他们昔日那种特权地位。以前伤残军人身穿白色衣服，人们在街上向他们鞠躬致意，甚至和平时期入伍时村里要开欢送会，退伍要开欢迎会，款以美酒佳肴，伴以美女歌舞，士兵坐在首席上享受这一切。现在，复员军人根本得不到这一切关注。他的家属给他一席之地，仅此而已。在许多城镇他受到冷遇。了解了这些骤然变化对日本人是多么痛苦就不难想象了，这些军人多么喜欢与旧日同伴相聚，缅怀过去那种日本名誉寄托给军人的时代了。而且，他的战友中可能有人告诉他，幸运的日本军人如何在爪哇、山西和满洲与同盟军作战，为什么要绝望？他们也许会对他说，他也将再次作战。国家主义的秘密结社在日本早就存在。这些团体要"洗刷"日本的"污名"。那些因复仇宿愿未了，而"感到世界不平衡"的人极可能参加这种秘密团体。像黑龙会和玄洋社之类的团体使用的暴力，日本政府在今后的若干年内，还必须继续努力强调履行"义务"而贬抑对名分的"情义"。

为实现这一点，仅诉诸于"判断"是不够的。它将要求重建日本经济，使现在二三十岁的人们获得生计和各得其所，而且还必须改善农民的状况。一旦面临经济困境，日本人便回故乡农村。但在许多地方土地狭小，加上债务重负，很难养活众多的人口。工业也必须开始发展。因为，反对平分遗产的情绪十分强烈，只有长子能够继承遗产，其他幼子只能到城市去寻找机会。

日本人今后无疑要走漫长而又艰难的道路，但如果国家预算不列入重整军备的费用，他们就有机会提高国民的生活水平。一个像日本那样在偷袭珍珠港前约十年时间里把国民收入的一半用于军备和维系军队的国家，如果停止这类支出并逐步减轻取自农民的租税，是有可能为健全的经济建立基础的。综前所述，日本农产品的分配是60%归耕种者，40%以税金及佃租形式付出。这与同样生产大米的缅甸和暹罗形成了鲜明的对照，那些国家传统的分配方式是90%留给耕种者，只有对日本耕种者课以如此巨额的税金才能支付日本军事机构的费用。

今后十年间不加强军种的欧洲或亚洲国家与加强军备的国家相比将占有潜在的优势，这是因为这样的国家可把财富用于建立健康和繁荣的经济。在美国，我们在推行亚洲政策及欧洲政策时几乎未注意这种情况。因为我们知道，我国不会因国防计划的巨大费用而陷入贫困，我国没有蒙受战祸。我们不是一个以农业为主的国家，我们的关键问题是工业生产过剩。我们的大量生产和机械设备已如此完善，若不从事大规模军备、奢侈品生产、福利事业及研究设施，我们的国民就会失业。资本迫切需要有利可图的投资机会。在美国以外的国家，开发部完全不同。甚至在西欧情况也不相同。不得重新武装的德国尽管要支付所有的赔偿，但在十年左右的时间里它仍然可以奠定健康和繁荣的经济基础。而在法国，如果其政策是建立强大的军事力量，那么这样的经济便不可能建成。日本也将利用同样的优势超过中国，中国当前的目标是军事化，而其野心得到美国的支持。日本的国家预算中如果不包括军事化目标，它将在不远的将来奠定繁荣的基础，并成为东方贸易中的主角。它将自己的经济奠基于和平的复兴之上，并提高国民的生活水平。和平的日本将在世界各国中获得有声誉的地位，如果美国能利用其势力支持这项计划，将对日本是很大的帮助。

想用命令方式创造一个自由民主的日本，美国做不到，任何外国也做不到。这种方法在任何一个被统治的国家中还没有获得成功的先例。没有一个外国人能命令一个与其习惯和观念不同的民族按他所设想的方式去生活。法律不能使日本人承认选举出来的人们的权威，不能使他们无视其等级制中的"各得其所"，法律也不能使他们具有我们美国人所习惯的那种自由随便的人际交往、自我独立的强烈要求，以及自行选择配偶、职业、住宅和承担各种义务的热情。但是日本人已明确认为需要向这个方向转变。日本投降以来，其公职人员曾说日本必须鼓励其男女国民掌握自己的生活，尊重自己的良心。他们虽然没能这样说，但每个日本人心里都明白，他们已在怀疑"耻"

在日本社会中的作用，他们希望人民中的自由有新的发展，亦即从对"社会"的谴责和追究的恐惧中解放出来。

这也是因为，不论人们如何自愿地接受，这些社会压力对个人的要求太苛刻了。这些压力要求个人隐瞒感情，放弃欲望，以家庭、组织或国家的身份面对社会。日本人表明，他们能够忍受这种方针所要求的一切自我修养，但他们身上的负担是极为沉重的，他们必须高度抑制自己以求得幸福。他们没有勇气过一种心理压力较轻的生活，结果被军国主义者引上一条牺牲累累、漫无止境的道路。在付出如此高昂的代价之后，他们变得自鸣得意起来，并且鄙视具有比较宽容的伦理的民族。

日本人走向社会变革迈出的第一大步是承认侵略战争是"错误"和业已失败的事业。他们十分希望在和平国家中重新取得受尊重的地位，为此必须实现世界和平。如果俄国和美国在以后若干年间扩充其军备以备进攻，日本将会利用其军事知识参与这场战争，但承认这一点并不能怀疑日本会成为和平国家的内在可能性。日本的行为动机是随情况而定的，如果情况允许，日本将在和平的世界中谋求地位，如若不然，他们也会成为武装阵营的一员。

现在日本人把军国主义视为已熄灭的光。他们还将注视，军国主义在世界其他国家是否也已失败。倘若没有，日本恐怕会重新燃起其好战的热情，并表明日本将能大显身手；如果军国主义在其他国家也失败了，日本则将证明，它深切地汲取了教训，即帝国主义的侵略企图绝不是走向荣誉的道路。